인생템2

세상을 앞서 나가는 11인의 CEO

인생템 2

김대근, 신혁, 김상필, 김윤화, 나수미, 노현숙, 문재훈, 문종철, 차동희, 송지연, 황훈식 지음

나비의 활주로

PROLOGUE

내 인생의 행운 전환점, 인생템

살아가면서 우리는 행운의 기회를 몇 번 만나게 된다. 그런 기회는 대부분 귀한 인연을 통해 얻게 되는데, 바로 이 책을 쓴 이들이 그런 경우에 해당한다. 특별한 인연을 통해 그동안의 삶과는 확연히 다른 삶을 살아가게 되었으니 말이다. 그리고 우리는 이를 '인생템'을 알게 되었기 때문이라고 자신 있게 말할 수 있다.

그렇다면 여기서 말하는 '인생템'이란 무엇인가? 내 인생과 아이템이 만나 새로운 진화를 일으킨, 나에게 특화된 맞춤 사업 아이템을 말한다. 다시 말해 누구나 아는 돈이 되는 아이템이란 개념이 아니라 나를 그 분야에서 온리 원(Only One)으로 자리 잡게 하는 아이템이다. 이 책에는 바로 이러한 인생템을 만나 사업을 시작하였거나, 혹은 하고자 하거나, 잘하고 있는 이들의 이야기가 생생하게 담겨 있다.

지금 회사원으로 지내고 있어도 언젠가는 자신의 사업을 해야만 한다. 그럴 때 당신은 어떤 기준으로 사업 아이템을 선정하겠는가. "일의 기쁨에 대한 비밀은 한 단어에 들어 있다. 바로 탁월함이다. 무엇을 잘할 줄 안다는 것은 곧 이를 즐긴다는 것이다"라고 펄 벅(Pearl S Buck)은 말했다. 인생템이야말로 탁월하게 일하고 즐기면서 인생을 살아가고자 하는 이들이라면 반드시 찾아야 하는 사업 아이템이다.

이 책은 인생템을 통해 사업을 시작하고 성장시켜나가고 있는 정말 다양한 분야의 CEO 열한 명의 스토리를 담고 있다. 천직을 찾아 꿈을 향해 노력 중인 의류매장 대표, 전문직들의 보다 나은 미래를 위해 교육하는 속기사, 웹툰에 자신의 삶과 꿈을 담아 표현하는 작가, 나만의 집 짓기를 지원하는 하우징 멘토 등 다양한 인생의 모습을 만날 수 있다. 그들이 어떻게 자신만의 특별한 인생템을 찾았는지, 그 뒤로 사업과 삶이 어떻게 달라졌는지에 대해, 그리고 자신의 성장 배경에 대해 진솔한 이야기를 들려준다. 이를 통해 분명 당신의 삶에도 도움이 되는 힌트를 얻을 수 있을 것이다.

사업은 하고 싶지만 무엇을 아이템으로 할지 망설이고 있거나, 오랜 고민 끝에 사업을 시작하려 하지만 과연 이런 방향이 맞는지 고민하는 이들, 새로운 분야에 뛰어들고자 하는 모든 이들에게 용기를 주고자 한다.

이 책의 주인공인 열한 명은 큰 자본이나 인맥, 동업자 없이도 나만의 인생템만 있다면 얼마든지 사업을 시작하고 성장할 수 있다는 것을 증명한다. 각 분야에서 다양하게 사업을 하고 있는 저자들의 스토리를 통해 당신의 새로운 시작이 더욱 설레고 희망으로 가득하길 기원한다. 마지막으로 지금 다소 고난의 시기에 있는 분들에게 맥스웰 몰츠(Maxwell Maltz)의 명언을 전한다.

"극복할 장애와 성취할 목표가 없다면 우리는 인생에서 진정한 만족이나 행복을 찾을 수 없다."

저자 일동

CONTENTS

PART 3 다시 시작하는 힘, 살아내는 것도 능력이다

PART 4 고객의 입장에서 소통하는 헤어디자이너가 진짜 프로페셔널이다

PART 5 속도보다 중요한 건 방향, 크게 성장하려면 멀리 내다봐라

PART 1

"늘 꿈만 꾸던 당신의 집 짓기를 컨설팅 해드립니다"

김대근

나만의 집 짓기를 지원하는 하우징 멘토

성공적인 삶의 비밀은 무엇을 하는 게 자신의 운명인지 찾아낸 다음 그것을 하는 것이다.
- 헨리 포드

요즘 많은 사람들이 아파트에 거주하고 있다. 필자 역시 아파트에 산다. 그렇다면 왜 이렇게 많은 사람들이 아파트에 살고 있는 것일까? 아마도 가장 큰 이유가 집을 재산 증식의 수단으로 생각하기 때문일 것이다. 그런데 점점 주거문화가 아파트에서 단독주택으로 바뀌고 있다. 실제로 베이비부머 세대가 은퇴하고 도시에서 지방으로 이주를 하고, 젊은 층을 중심으로 탈아파트를 선호하는 사람들이 늘어나고 있다.

단독주택 시장이 늘어나고 그 인기에 힘을 얻어 대형 건설사들도 타운하우스를 시작으로 아파트에서 단독주택 시장으로 눈을 돌리고 있다. 물론 집을 짓는 일이 쉬운 것은 아니다. 토지 구매부터 설계, 시공사 선정, 착공, 완공, 준공 등 다양한 어려움이 있다. 오죽하면 "집을 지으면 10년 늙는다"는 말이 다 있겠는가?

주택 건설은 아직 진입 장벽이 두텁고 생각보다 마진이 적기 때문에 쉽게 접근하지 못하고 있는 것이 현실이다. 그와 반대로 하우징 업체들은 대형화가 시작되었다. 필자는 약 1,000채 이상의 주택을 시공한 대형 하우징 업체에서 근무한 경험이 있다. 그곳에서는 견본주택을 보유하고 365일 전시하며 안내를 한다. 그 견본주택을 토대로 대형 하우징 회사로 거듭날 수 있었고, 연간 150동 이상의 주택을 건설하며 연매출액이 약 500억 이상 되는 대형 건설사로 도약했다.

필자는 현재 '하우징 멘토'라는 필명으로 블로그에 집 짓는 이야기를 써나가고 있다. 모든 건축주들이 돈을 날리지 않고 합리적인 가격으로 더 좋은 집을 지을 수 있도록 객관적인 관점으로 학생들도 이해할 수 있게끔 쉽게 글을 쓰는 중이다.

집 짓기와 인연이 깊었던 우리 집, 그리고 내가 선택한 길

"대근아, 아빠 오셨다. 얼른 인사드리고 밑으로 내려가봐."

내가 어린 시절, 아버지는 중견 건설회사에서 근무하셨다. 유년 시절에 아버지는 언제나 우리 곁에 계시지 않았다. 항상 지방을 돌아다니며 격주에 한 번씩 집에 들어오시곤 했다. 그렇다고 아버지를 원망하거나 미워하지는 않았다. 아버지는 항상 집에 오실 때마다 우리 삼남매가 좋아하는 맛있는 것들을 잔뜩 사가지고 오셨다. 그럴 때에는 엘리베이터도 없는 아파트 5층까지 사과 박스, 귤 박스를 날라야 했다.

아버지께서 지방을 오가며 일을 하셨기에 우리 가족은 넉넉하게 살 수 있었고, 남부럽지 않은 유년 시절을 보낼 수 있었다. 아버지가 곁에 없는 것만 빼고 말이다. 아버지는 매일같이 함께하지 못하는 것에 대한 미안함에 오실 때마다 용돈을 두둑이 챙겨주시곤 했다. 또 밤 10시만 되면 동네 빵집에 찾아가 가게에 있는 빵을 싹쓸이해 오실 정도로 간식도 잘 챙겨주셨다.

당시는 우리 아버지뿐 아니라 직장을 다니던 모든 아버지들이 새벽에 별을 보고 출근하여 밤늦게 퇴근하고 주 6일 근무만 돼도 행복해하던 시절이었다. 그것이 우리 아버지들의 자화상이고 그렇게 자라왔다. 그런 아버지께 늘 감사하다.

고 3 무렵, 건설회사에 다니시는 아버지의 영향을 받아 건설업 직종을 꿈꾸었지만 한 가지 고민되는 것이 있었다. 바로 가족과 떨어져 지내야 한다는 점이 문제였다. 대학 4년을 마치고 건설회사에 취직하면 돈은 잘 벌 수 있겠지만 가족과 떨어져 지내야 하고 결혼을 하더라도 주말부부를 해야 했다.

아버지께서는 늘 이렇게 말씀하시곤 했다.

"토목은 눈에 보이지 않는 일을 하는 거라 큰돈이 되지만, 건축은 눈에 다 보이는 일을 하는 거라 큰돈을 벌기 어렵다. 그러니 토목과에 진학해라."

하지만 필자는 토목보다는 건축을 전공하고 싶었다. 그래서 아버지 몰래 건축공학과에 원서를 접수했다. 왠지 토목보다는 건축이 더 멋져 보였다. 그리고 건축 설계를 하면 가족과 떨어져 지내지 않아도 된다는 희망도 있었다.

대학 졸업 후 우연한 기회에 동나무 건축 설계 아르바이트를 했다.

'통나무로 집을 짓는다?'

대학 4년 내내 콘크리트만 배운 필자로서는 신기한 일이 아닐 수 없었고 호기심으로 가득 찼다. 엔진 톱으로 커다란 통나무를 반으로 자르고, 반으로 자른 나무 위에 또 통나무를 얹어서 짓는 신기한 건축 방법이었다. 해외에서나 볼 법한 통나무집을 실제로 설계하고 짓는 것을 보면서 가슴이 뛰기 시작했다. 그 기쁨이 너무나도 컸기에 설계를 하는 내내 힘든 줄도 몰랐다.

열 살 넘게 차이 나는 빌더 형님들이 엔진 톱으로 통나무를 가공하는 모습을 보면서 '정말 멋지다! 나도 엔진 톱 들고 빌더를 해볼까?' 생각했지만 기회는 쉽게 오지 않았다. 그보다는 통나무 주택 설계를 체계화시키는 게 우선이었다.

처음 이 회사에 들어갔을 때만 해도 모눈종이로 도면을 그리고 그 도면으로 집을 짓는 주먹구구식이었다. 나 역시 통나무 주택에 대한 정보가 없어 빌더 형님들을 일일이 찾아다니며 물어보고 도면 작업을 하는 풋내기 수준이었다.

이 아르바이트를 계기로 필자는 점점 주거문화에 빠져들었다. 당시만 해도 주택에 대한 책자는 찾아보기 힘들었고, 특히 목조주택에 대한 책자는 해외 서적을 제외하고는 거의 없었다.

'어떻게 하면 목조구조를 더 이해할 수 있을까? 어디를 가면 더 체계적으로 배울 수 있을까?'

늘 고민했다.

금강산이 내게 준 추억과 교훈

2005년, 경기도 용인시에 있는 대림ENC라는 회사에 입사를 했다. 당시 필자는 서울 강서구 방화동에 거주하고 있었다. 출근 거리는 70km. 필자에게 자가용은 없었지만 열정이 있었기에 그 정도 거리는 문제가 되지 않았다. 매일 새벽 4시에 일어나 버스를 타고 고속터미널에 내려서 용인으로 가는 고속버스 첫차를 타고 출근을 했다. 출퇴근 시간이 길었기 때문에 집에는 이틀에 한 번씩 들어가면서 찜질방 생활이 시작되었다. 격일로 찜질방에 가기 위해 쿠폰을 대량으로 구매해 숙박을 해결했다.

처음 입사했을 때 회사에서는 금강산에 3층 목조로 된 금강산 패밀리비치 호텔을 짓고 있었다. 그 규모가 상당하였으며 대한민국 목조 역사상 가장 큰 건물에 다층 목구조를 적용한 최초의 사례였다. 굉장히 큰 프로젝트이다 보니 목조업계에 큰 획을 긋는 공사로 남았다.

나의 첫 번째 멘토이신 대림ENC 권순관 대표님은 온화한 얼굴에 카리스마 넘치는 열정과 패기가 있는 분이셨다.

"대림 목조 사관학교에 온 걸 환영한다. 왜 여기가 목조 사관학교인지 아나? 이곳은 목조 건축이 처음 대한민국에 들어올 때 시작된 회사이며, 대한민국에서 우리 회사만큼 목조로 큰 건물을 짓는 곳은 눈을 씻고 찾아봐도 없을 것이다. 이곳에서 많은 걸 익히길 바라고, 혹시라도 이직을 하더라도 대림ENC에 근무했던 이력이 큰 도움이 될 것이다."

일은 정말 많이 시키셨다. 분명 필자는 설계 직원으로 들어갔는데, 설계는 하지 않고 현장만 돌아다녔다.

"현장을 알아야 설계도 가능하다. 진정한 설계를 하고 싶다면 현장부터 익혀라."

틀린 이야기는 아니었다. 통나무 건축이 거칠고 주먹구구식 공법이라면 경량목 구조는 정확한 치수와 계산에 의해 지어진다. 필자는 낮에는 현장 일을, 밤에는 경량목 구조 공부를 했다.

대표님은 입사한 지 얼마 안 된 필자에게 가족 동반 금강산 관광을 지원해주시기도 했다. 태어나서 처음으로 부모님께 효도를 한 셈이었다. 그때 부모님께서 기뻐하시던 모습은 지금도 잊을 수가 없다. 그리고 며칠 뒤 대표님께서 부르시더니 "금강산에 우리가 지은 호텔 있는 거 알고 있지? 그 옆에 호텔을 짓기 전 지은 모듈러 주택이 20동 있는데, 이번에 리모델링 공사를 하기로 했다. 한 2주 걸리니까 잘 준비하고 부모님께도 말씀 잘 전해라"라고 말씀하셨다.

'남들은 돈을 주고 관광하는데 나는 돈을 벌러 금강산에 가다니, 나는 정말 행운아야!'

이번에는 2주라는 시간이 있으니 더 많은 곳을 볼 수 있을 거라 생각되었다. 2주 동안 금강산을 마음껏 만끽하고 돌아오리라 다짐했다.

리모델링 공사의 범위는 외부 재도장, 내부 타일 및 도기류 교체 그리고 마루 교체였다. 20동이니 로테이션으로 공사를 하면 2주라는 시간이 충분해 보였다. 모든 현장에서 관리자가 해야 할 일은 비포&에프터 사진을 촬영하는 것이었다. 때마침 아버지께서 디지털카메라를 구매하셨기에 그것을 들고 가서 사진을 찍었다.

한창 외부 사진을 찍고 있는데 총을 든 북측 군인 두 명이 나에게 다가와 총구를 내 머리 쪽으로 들이대며 이렇게 말했다.

"동무, 거기 가만히 서보시오. 아까부터 왜 우리 군사시설을 찍고 있습니까? 동무, 수상하니 그 자리에 가만히 서서 말해보시오."

"나는 여기 공사를 하러 온 관리자입니다. 관리자이다 보니 공사 전 사진과 공사 후 사진을 찍어야 합니다. 카메라를 확인해보시면 아시겠지만 절대 당신네들 초소나 시설을 찍은 적은 없습니다."

"그건 확인하면 알 일이고, 동무는 여기서 확인될 때까지 서 있으라우."

그렇게 꼬박 두 시간을 서 있었다. 다리가 후들후들 떨리고 억울함에 미칠 지경이었다. 그들은 내가 찍은 사진에서 오른쪽 맨 위 구석에 잘 보이지도 않는 점 하나가 자신들의 초소라며 카메라를 못 돌려주겠다고 했다. 그때 북측에 오랜 기간 머물며 공사를 한 동료가 그냥 주고 좋게 마무리하자며 북측 군인들을 돌려보냈다. 이 일로 현대 아산에서 조사반이 달려와 작업자 관리를 잘하라며 경고를 했다. 금강산에 도착한 첫날부터 기분이 매우 좋지 않았다.

이날의 나쁜 기운 때문이었을까? 공사를 진행하면서 자재가 부족하여 추가 자재를 발주하게 되었고 약속된 2주는 훌쩍 지나갔다. 변수를 예측 못해 돈도 없는 빈털터리 작업자 신세가 되었다. 그래도 다행히 동료가 함께 있어 의지가 되었다.

전화할 돈이 없어 가족과도 연락할 방법이 없었다. 금강산에서 남측으로 전화를 걸려면 1분당 1,000원이라는 요금을 내야 했다. 남측으로 바로 전화가 연결되는 것이 아니라 중국으로 통신이 넘어가 다시 남측으로 수신이 되는 형태이다 보니 그럴 만도 하다. 2주만 다녀온다던 아들에게서 소식이 없자 부모님이 직접 호텔로 전화를 하셨다. 아무 문제 없이 잘 지내고 있고, 생각보다 공사가 길어져 늦는 것이니 너무 걱정하지 말라고 안심시켜드린 뒤 나도 모르게 흐르는 눈물을 닦았다. 어찌 되었건 몇 차례 고비를 넘기고서 무사히 한 달간의 공사를 마무리하고 돌아오니 감회가 새로웠다.

대림ENC를 그만둔 이유는 상사와의 갈등 때문이었다. 아무튼 통나무 건축으로 복귀를 하니 마음은 한결 편해졌다. 다만 필자가 그토록 싫어하던 객지 생활을 해야만 했다.

시련 속에서도 건축의 끈을 놓지 못하다

결혼 후 아내와 주말부부로 지내면서 굉장히 힘든 시기를 겪었다. 그러다 결혼 2년 만에 건강한 사내아이를 낳고 함께 살며 이제 행복할 일만 남은 줄 알았다. 하지만 좋은 일이 있으면 나쁜 일도 따라온다고 했던가? 아이가 태어난 지 얼마 지나지 않아 회사가 자금난에 빠져버렸다. 월급은 계속 밀리고 생활은 점점 궁핍해져갔다. 그나마 조금 모아놓았던 돈과 결혼 때 폐물로 받은 보석들이 하나둘씩 사라지기 시작했다.

지금 생각해보면 필자는 정말 대책 없는 가장이었다. 가장으로서의 책무를 집어던지고 나만의 고립된 생각과 이상을 좇으며 그 길이 옳은 길이라 생각했던 것이다. 결국 우리는 다시 주말부부로 생활하게 되었다. 어린아이와 아내만 집에 두고 일을 하러 나갈 때면 마음이 편치 않았다. 그래도 통나무 건축이라는 끈을 놓치고 싶지 않았다.

그때 아는 형님의 소개로 충남 당진의 목조주택 회사에 설계실장으로 취직이 되었다. 다행히 숙식은 해결이 되었다. 그곳에서 통나무 건축이 아닌 경량 목구조로 다시 시작해보자고 마음을 다잡고 설계와 현장소장 일까지 악착같이 했다. 더 이상의 실패는 없을 것이고, 물러설 곳도 없다고 생각했다. 하지만 이곳 역시 열악한 자금 상황과 대표의 헤픈 씀씀이로 경영난에 시달려 결국 그만두게 되었다.

'왜 나에게만 이런 시련이 닥치는 거지? 내가 하고 있는 일이 나하고 맞지 않나? 나는 왜 이렇게 운이 없는 걸까?'

고민이 계속되었다. 그럼에도 건축의 끈을 놓지 못하고 이번에는 인테리어 현장소장으로 일하게 되었다. 대표님이 LG전자에서 인테리어 수석디자이너로 일하다가 창업을 한 터라 LG전자 매장 인테리어를 기반으로 회사는 성장했다. 대표님은 건축으로 큰돈을 벌어보겠다며 종합건설 면허를 만들었고, 도심형 생활주택이나 상가건물 등을 지었다. 외관상으로는 정말 탄탄한 회사처럼 보였다. 필자는 종합건설 공무과장으로 입사하였지만 당장 인테리어 소장이 부족하여 현장소장을 겸하면서 공무 일을 보기로 했다.

매장 인테리어는 규격화 및 체계화가 되어 있어 일이 그리 어렵지 않았다. 매뉴얼대로만 공사를 하면 되었다. 선배 소장들을 따라다녀 봐도 작업자들이 알아서 움직이기 때문에 그렇게 어려운 일은 없었다. 선배 소장들은 현장을 비우기 십상이었다. 그래서 필자가 작업반장에게 어떻게 공정을 진행하는지 물어봐가면서 일을 진행해야 했다. 일도 점점 익숙해지고 요령 피우지 않고 성실하게 현장 일을 수행하자 대표님은 필자에게 경기도 여주 매장을 단독으로 맡겼다. 원래 단층 매장이었는데 2층으로 증축하고 총 330평의 매장 인테리어를 진행했다. 그렇다고 한 달 반 동안 매장 영업을 못 하게 할 수는 없었기에 1층은 부분적으로 인테리어 공사를 진행하고 외부에 천막을 쳤다. 공정표를 짜보니 약 45일간 공사를 진행해야 하는 큰 프로젝트였다.

'어떻게 하면 다른 공정이 들어와도 서로 부딪치지 않고 공사를 진행할 수 있을까?'

고민을 거듭하면서 도면 하나하나를 머릿속에 입력시키고 매장 영업을 하는 데 문제가 없도록 대리점주 및 직원들과 유대관계를 맺고 일을 진행했다. 가능하면 야간 공정도 서슴지 않고 진행했다.

소규모 리뉴얼 공사의 경우 자재비와 일한 날에 따라 인건비를 계산하여 비용을 지급했는데 공사가 크다 보니 견적가로 일을 진행했다. 일명 평당 공사로 진행되는 것이었다. 평당 공사로 진행을 하니 야간 공정을 집어넣어도 협력업체들은 불만이 없었다. 빨리 끝내는 것이 협력업체로서도 좋은 일이었기 때문이다.

야간 공사까지 진행할 경우 현장소장은 절대 현장을 비워서는 안 된다. 대부분의 사건 사고는 현장소장이 자리를 비울 때 발생한다. 정해진 날짜와 공정표에 맞는 협력업체 투입도 중요하다. 만약 스케줄 관리가 조금이라도 잘못되면 일이 지체되고, 하루라도 빨리 끝내고 싶어 하는 대리점주에게 눈총과 독촉을 받게 된다.

만약 당신이 대리점주인데 45일 계획했던 공사를 35일 만에 마무리한다면 그 현장소장에게 뭘 해주고 싶겠는가? 매장 오픈 일을 10일나 당겨줬다면 어떠할 것 같은가? 일을 빨리 끝내는 것도 중요하지만 현장에서 사건 사고가 없어야 하며, 도면에서 의심 가는 부분은 빨리 체크를 해서 피드백을 요청하여 작업자가 놀고 있게 해서는 안 된다. 가장 중요한 건 품질이다. 품질이 나쁘면 하자로 이어지고 그 하자로 인해 회사는 큰 손실을 입게 된다. 모든 공정표는 머릿속에 있어야 하며, 그 공정에서 변수는 없는지 끊임없이 점검해야 한다. 또한 자재가 제때 공급되도록 해야 하며, 혹시라도 부족한 부분이 생기면 언제든 사러 나갈 수 있는 기동력과 현장의 주변 업체를 잘 살펴봐야 한다.

부분 철거를 하기 위해 철거팀이 들어오고 칸막이팀이 들어오고, 2층에서는 타일팀이 바닥을 깔고, 도장팀은 1층 천정을 칠하고 있고, 전기팀도 배선작업을 하고 있다면 그 현장은 아수라장이 된다. 서로 조금씩 양보를 하면 되는데 감정싸움이 생기기도 한다.

330평 현장에 50명의 인원이 북적거리며 작업을 하다 보면 정신이 하나도 없다. 다행히 필자에게 회사에서 가장 요령 안 피우고 열심히 하는 소장이라는 이미지가 있어서인지 협력업체들도 큰 소란 없이 공사를 진행했다. 규모가 큰 공사였지만 큰 잡음 없이, 그리고 열흘이나 앞당겨 완성해주니 매장 대리점주도 고마워했다. 매장 영업직원들 또한 내심 고마워하는 것 같았다. 평소에 잘 오시지 않는 회사 대표님도 방문하여 고생했다며 칭찬해주셨다. 아무튼 기분 좋은 공사였고 보람도 느꼈다. 매장 대리점주도 고맙다며 자신이 파는 제품을 '오픈가+직원가'로 할인해주겠다고 골라보라고까지 했다. 그 덕에 회사의 노트북을 새로 주문하고, 고생하는 집사람을 위해 애벌빨래 전용 세탁기를 저렴하게 구매하여 선물했다.

'그래도 공사 일정을 10일이나 줄였으니 경비가 좀 여유 있겠지?'라고 생각했다. 그런데 필자의 예상은 완전히 빗나갔다. LG본사에서 원가를 알고 비용을 깎으려 들었다. 공사가 '자재비+하루 인건비'가 아니라 견적가로 진행되다 보니 빨리 끝내봤자 소장의 경비만 줄이는 격이어서 아쉬움과 상실감이 컸다. 이렇게 경비를 제대로 청구하지 못하면 협력업체 사장들을 불러 이만큼 손실이 났으니 당신들도 같이 손실을 보자며 얼굴을 붉혀야 한다. 협력업체 작업자들이 밤낮없이 고생한 것을 뻔히 알고 있는 나로서는 정말 하기 싫은 말을 해야 한다.

"깎아주세요. 부탁 좀 드리겠습니다."

인테리어 회사를 처음 경험하면서 '이 바닥도 결제체계가 정말 부조리하구나. 항상 협력업체들은 뒷전으로 밀려 있고, 깎으려고만 드는 악순환의 연속이다'라는 생각뿐이었다. 그들에게는 생존이 달려 있기 때문에 필자는 그들의 마음을 어느 정도 이해한다. 건축업계에 있을 때에도 인건비 지급을 늦게 하거나 "이것만 마무리하면 지난번 현장 미수금 결제해줄게. 조금만 참아주세요"라고 말하는 나쁜 관행이 있었다. 열심히 일하고도 이익이 생각만큼 남지 않은 것을 계기로 이 일에 대해 다시 한 번 생각해보았다.

두 번째 하우징 멘토를 만나 인생템을 결정하다

마지막으로 설계, 시공이 아닌 주택 영업으로 승부를 보자는 생각이 들었다. 때마침 화성 봉담에 본사가 있고, 서울 서초동에 지사가 있는 더존하우징에서 영업사원을 채용한다고 하여 지원했다. 면접을 보기 위해 본사에 가보니 넓게 펼쳐진 대지 위에 사무실로 보이는 조립식 건물과 그 옆에 서너 채의 주택전시장이 눈에 들어왔다. 독특한 모양의 40~50평대 모던주택 두 채와 작지만 내실 있어 보이는 20평대 주택 두 채가 양옆으로 분산돼 조성되어 있었다. 면접을 보는 내내 이 회사에 꼭 다니고 싶다는 생각이 들었다. 나의 두 번째 멘토가 되어준 이용진 대표님은 푸근한 형님 같은 이미지였다.

첫 출근 날, 휴가 시즌이다 보니 절반의 인원만 출근을 한 상태였다. 어색했지만 잘해보겠다는 다짐을 하며 영업 업무를 하나하나 배워나갔다. 설계와 시공으로는 무장되어 있었지만 영업은 해본 적이 없었다. 영업 현장에서도 엔지니어들의 특징인 안 되는 걸 먼저 찾는 데 익숙했다. 안 되는 것도 되게 하는 게 영업인데, 빨리 영업사원으로 정신무장을 갖춰야겠다는 생각이 들었다. 그나마 나에게 쉬운 건 스펙을 이해하는 것이었다. 기존에 경험해본 공사며 평 단가별 스펙을 외우고 이해하는 데에는 그리 오랜 시간이 걸리지 않았다.

지금 와서 생각해보면 스펙을 외우는 것보다는 '어떻게 하면 계약을 성사시킬까?'를 고민했어야 했던 것 같다. '계약을 하려면 고객을 만나야 하고, 고객을 만나기 위해 어떻게 TM(텔레마케팅)을 해야 하며, TM을 어떻게 잘해야 고객이 만나줄까?'를 고민했어야 했다. 하지만 익숙하지 않은 TM을 잘해내기란 여간 어려운 일이 아닐 수 없었다. '혹시 내가 실수를 하면 어쩌지?'에 대한 고민을 너무 깊이 한 것이 가장 큰 실수였다. 다행히 수습 3개월이 끝나기 전에 선배의 도움을 받아 첫 계약을 성사시켰다. 당시 계약 금액이 적지 않았기에 선배들과 대표님께 칭찬을 많이 받았다.

영업은 고객의 마음을 움직이는 것이며, 회사를 판매하는 것이며, 나를 판매하는 것이다. 이론상으로는 이해가 되나 그게 말처럼 쉽지 않다. 그래도 한 가지 자신 있는 것은 있었다. 바로 고객 관리였다. 필자와 계약한 분들은 비슷한 성향을 가진 분들이 많다. 그래서 계약 이후 클레임을 거는 경우가 드물다.

나와 계약하는 모든 분들이 집 짓는 걸 행복해했으면 좋겠다. 그러려면 잘못된 부분이 있으면 빨리 인정하고 다음 일을 도모해야 한다. 이런 가치관을 갖고 있다 보니 점차 영업에 대한 자신감이 떨어지고 두렵기까지 했다. 그럴 때마다 나를 바로잡아주신 분이 이용진 대표님이다. "영업은 회사의 꽃이며, 이 꽃이 활짝 피지 못하면 회사가 발전할 수 없다"는 지론을 갖고 가끔은 대표님 포스로 꾸짖어주시고, 때로는 형님처럼 따뜻하게 보듬어주신 분이다.

보통 건축주들이 집을 잘 지어줬다고 감사패를 주는 경우가 많다. 이 경우 대부분 현장소장에게 감사패가 돌아가기 마련이다. 물론 춥고 더울 때 현장에서 고생한 현장소장에게 감사패가 돌아가는 건 어찌 보면 당연한 이치다. 그런데 첫 계약부터 공사가 마무리될 때까지 신경을 쓰는 건 다름 아닌 영업자다. 무대 위에서 총 관리감독을 맡은 영업자, 그리고 그 집을 연출한 설계자, 세부사항까지 철저하게 체크하고 무대를 구성하는 인테리어 설계자, 이 모두의 노력이 뒷받침되지 않는다면 집 짓기라는 연극은 성황리에 마무리될 수 없다. 세종시 택지지구에 집을 지은 중령 출신의 건축주는 이 하나하나가 잘 맞아떨어져 훌

륭한 집을 지을 수 있었다고 생각하였고 영업, 설계, 인테리어, 현장소장, 그리고 옆에서 지원을 아끼지 않았던 대표님까지 모두 감사하다며 각자 하나씩 이름을 파서 감사패를 주셨다. 굉장히 감회가 새로웠다.

대표님이 리더로 계셔서 그런지 회사의 매출은 매번 상승 곡선을 경신했다. 2013년 필자가 입사한 첫해의 영업 매출금액은 130억이었는데 2014년 영업 매출은 300억을 돌파했고, 2015년 영업 매출은 400억에 육박했다. 2016년 회사는 점점 커져 전시장 부지를 매입해 사옥을 짓기로 했다. 무려 300평 규모의 사옥을 건설하기로 한 것이었다. 이때 필자는 매너리즘에 빠져 지각이 잦아지고 열정도 줄어들었다. 변명을 하자면 지친 것이었다. 그리고 새로 들어온 영업사원들이 계약을 잘 따내는 것을 따라잡을 길이 없었다. 점점 출퇴근 시간이 오래 걸린다는 핑계를 대기 시작했고(실제로 출퇴근 시간이 왕복 4시간이었다) 실적은 곤두박질쳤다. 결국 다시 이직을 결심했다.

지금은 하우스톡이라는 목조주택 전문회사에 다니고 있다. 대표님은 더존하우징에서 하도급 소장을 오래 하신 분이고, 직원들 또한 더존하우징에서 퇴직한 분들로 구성되어 있다. 일종의 더존하우징 분사 같은 느낌이다. 설계부장, 설계차장, 공사부장, 현장소장, 영업전무 그리고 필자. 대표님을 비롯해 몇 안 되는 직원들이지만 기존에 알고 지낸 분들이다 보니 첫 출근 날부터 전혀 어색함이 없었다. 오히려 팀장님에게 농담으로 오리엔테이션을 해달라고 조르기도 했다.

집을 짓고 싶어 하는 사람들을 위하여

그 뒤 세 번째 멘토를 만났다. 그분은 바로 한국영업인협회 심길후 회장님이다. 교육의 힘은 놀라웠다. 한국영업인협회 교육을 듣고 나서 2017년 8월, 한 달에 계약을 여섯 건이나 체결했다. 손님이 넘치는 더존하우징에서도 달성 못 한 12억 4천만 원이라는 매출금액을 달성한 것이었다. 이로써 생애 첫 매출 신기록을 달성했다.

한국영업인협회의 강의를 수강한 지 만 2년이 되어간다. 처음 컨설팅을 받을 때만 해도 '잘 알지도 못하면서 왜 저런 이야기를 하지? 과연 그 방법이 옳을까?'라고 반신반의하면서 따르지 않았다. 하지만 2년이 지난 지금은 그때 그분이 알려주신 방법을 조금 더 빨리 시행했더라면, 더 빨리 행동했더라면 아마도 '하우징 멘토'라는 네이밍은 대한민국 주거문화의 선두자리에 올라섰을지도 모른다고 생각한다.

하나둘 콘텐츠를 만들고 쌓아나가다 보면 필자가 원하는 인생템이 완성되지 않을까? 돈도 중요하지만 애민 정신이 있어야 진정성을 얻을 수 있다. 진정성은 마음에서 마음으로 전달된다고 하지 않던가? 진정 집 짓기를 희망하는 분들에게 조그만 도움이라도 드리고 싶은 게 필자의 마음이다. 콘텐츠는 가능한 객관성을 살려서 올리려고 노력 중이며, 어떻게든 소통하면서 인생템을 완성시켜나가고 싶다.

필자는 현재 대형 하우징 업체에 속해 있다. 아직 용기가 나지 않아 날개를 펴고 날지 못하는, 알에서 막 부화한 새끼 독수리와 같다. 필자를 통해 어떤 분들이 이득을 얻을까? 누군가에게는 집을 짓는 일이 평생 모은 재산을 투자하는 것과 마찬가지다. 그만큼 신중을 기해야 하는 일이 집 짓는 일이다.

크다면 크고 작다면 작은 40평 주택을 기준으로 대형 하우징 업체와 적게는 3,000만 원, 크게는 1억 정도를 절감할 수 있는 방법이 있다. 그렇다고 해서 필자를 맹목적으로 믿고 따라주는 이들이 있을까? 그리고 필자가 도와줄 수 있는 건축주도 한정적이다. 예를 들면 60평 미만의 단독주택을 짓는 분들만 가능하다. 60평 이상의 주택을 짓거나 땅콩주택 같은 듀플렉스 주택이나 상가 주택, 펜션과 같은 다가구 주택은 건축법상 종합건설면허가 난 곳에서만 시공이 가능하다. 그러하기에 필자가 날개를 펴면 그분들에게 도움을 드릴 수 없다. 도움을 드린다면 믿을 만한 업체를 선정하는 법, 그리고 견적서를 상세히 검토하는 법, 공사를 하기 위해 저가 견적을 넣고 공사를 진행하는 중 추가금액이 많이 나올지 등을 살펴보고 알려드릴 수는 있다.

예비 건축주들의 멘토가 되다

필자가 집을 지을 때 가장 중요하게 생각하는 부분은 '왜 집을 짓는가?' 하는 것이다. 직업의 특성상 다양한 직업군의 사람들을 많이 만나는데 저마다 다양한 이유로 집을 짓고자 한다. 예를 들어 은퇴를 앞두고 고향에 낙향하는 분, 은퇴를 앞두고 공기 좋은 곳으로 이사를 꿈꾸는 분, 어린아이를 키우는데 층간소음 때문에 스트레스를 받아 단독주택을 꿈꾸는 분, 기존 주택이 낡아 철거 후 신축을 꿈꾸는 분, 귀농을 꿈꾸는 분, 토지만 팔기에는 양도세가 많이 나와 집을 지어서 팔려는 분, 단지 개발을 하는 분, 펜션을 지어 제2의 인생을 꿈꾸는 분, 난독

주택에서 신혼집을 꿈꾸는 분, 아파트 전세가 만기되고 자녀들이 마당에서 느끼는 행복을 알려주기 위해 단독주택을 꿈꾸는 분, 건강이 좋지 않아 공기 좋은 곳에서 휴식을 취하고 건강을 되찾고 싶은 분, 연로하신 부모님의 남은 인생 멋지게 시작하시라고 부모님을 위한 집을 꿈꾸는 분 등 너무나 다양하다. 어떤 집을 꿈꾸는지가 명확해야 그러한 이유를 토대로 세부 사항을 정하고 흔들림 없이 집 짓기를 마무리할 수 있다.

집을 지을 때 가장 힘이 드는 부분이 바로 불협화음이다. 건축주, 건축가(설계), 시공사가 모두 자신의 목소리만 높이면 집이 산으로 간다. 이럴 때 필요한 사람이 바로 필자와 같은 PM(Project Manager)이다. 필자는 수많은 경험과 지식 그리고 객관적인 관점으로 이 셋의 의견을 듣고 어느 한쪽으로 치우치지 않게 조율해주는 역할을 한다.

아무리 멋진 주택도 건축주의 예산에 맞지 않게 설계했다면 예술적 감각과 디테일이 살아 있다고 한들 의미가 없다. 지을 수 없는 도면을 위해 비용과 시간을 들인다면 건축주의 손실은 더욱 클 것이다. 시간이 지날수록 건축 비용은 증가하고, 그 부담은 고스란히 건축주에게 전해질 것이기 때문이다. 그래서 예산을 고려한 설계가 중요하다. 예전에 명성이 자자한 건축가나 대학 교수들이 예산을 반영하지 않고 포트폴리오를 설계하는 경우를 자주 봤다. 땅의 활용도와 건축주의 의견을 반영하고 마지막으로 디자인까지 완벽한 도면을 구사했지만 가장 중요한 예산이 반영되지 않은 실현 불가능한 설계였다.

한번은 설계를 완성했는데 비용 때문에 그 회사와 계약을 파기해야 하나 고민하시는 건축주님을 만났다. 애초에 생각했던 예산과 달리 터무니없이 비싸진 건축비가 문제였다.

우리 건축주님이 계약한 회사는 디자인과 품질이 좋은 업체로 평가받는 대형 하우징 업체 중 하나였다. 이 하우징 업체에서는 평당 600만 원 정도를 이야기하였고, 옵션 비용으로 2천만 원 정도 생각하면 된다고 해서 계약이 체결되었다. 그렇다면 이 집이 총 44평이며 옵션으로 2천만 원 정도 들어갔다고 하면 도대체 총 금액은 얼마나 되는 걸까? 상식선에서 보면 2억 8천400만 원이 나온다. 하지만 실제로 나온 금액은 달랐다. 달라도 너무 달랐다. 이렇게 되다 보면 집을 짓느냐 마느냐까지 고민하게 되고, 건축주는 예산에 맞는 업체를 찾아야 하는 이중고를 겪게 된다. 물론 적지 않은 설계 비용까지 날려야 하는 상황이었다. 그러다 필자를 만나 집이 무사히 완공되어 지금은 잘 살고 계신다. 만약 이분이 설계 비용 때문에 계속 고민했다면 집 짓기는 결국 엄청난 고통으로 이어졌을 것이다.

"당신의 집을 컨설팅 해드립니다."

이는 나의 슬로건으로, 계속해서 하우징 멘토로 왕성한 활동을 할 예정이다. 예비 건축주들에게 도움이 되는 양질의 콘텐츠를 개발하고 배포하여 많은 예비 건축주들이 집 짓는 것을 즐겁고 행복하다고 느끼며 현실로 이룰 수 있도록 하는 것이 꿈이다. 또한 각종 건축 관련 세미나를 통해 대중과 소통할 것이며, 집 짓기 컨설팅 플랫폼을 구축하여 많은 어려움을 겪고 있는 예비 건축주들을 도와 선진 주거문화를 이룩하는 데 앞장서고 싶다.

PART 2

사랑하면
오래 할 수 있고,
오래 하면
결국 잘하게 된다

신혁

웹툰에 자신의 삶과 꿈을 담아 표현하는 작가

"하고 싶지 않은 일을 하면서도 실패할 수 있다. 그러므로 사랑하는 일에 도전하는 것이 더 낫다."

2014년, 짐 캐리의 마하리쉬 대학 졸업 축사는 큰 반향을 일으켰다. 이는 짐 캐리가 아버지를 보며 얻은 교훈이다. 코미디언의 재능을 가지고 있었지만 회계사라는 안정적인 직업을 선택한 아버지는 짐 캐리가 열두 살이 되던 해 직장을 잃었고 가정은 경제적인 어려움에 빠졌었기 때문이다.

"가장 안타까운 것은 사랑하는 일을 타의로 포기하는 것이다."

많은 이들이 실패하지 않기 위해 안정적인 일을 선택한다. 수많은 청년들이 소위 말하는 철밥통을 갖기 위해 청춘을 시험 준비에 매진한다. 그것이 결코 잘못된 선택이라고 말하는 것은 아니다. 각자의 가치 판단으로 선택한 직업을 두고 좋고 나쁨을 판가름할 수는 없다. 사랑하는 사람들과 평안을 누리기 위해 미래가 보장되는 직업을 갖고자 하는 것은 존중할 만한 선택이며, 본인에게도 행복을 가져다줄 것이다. 다만 안타까운 것은 자신의 선택이 아닌 사회 분위기와 미래에 대한 두려움 때문에 휩쓸려가는 것이다.

거래처에 미팅을 하러 가면 종종 "나도 어렸을 땐 만화가가 꿈이었는데"라고 말하는 사람들을 만난다. 만화가가 아니라도 작가나 감독 등 어릴 때에는 무엇인가 만들어내는 일을 꿈꿨다고 말하곤 한다. 이야기는 대부분 "하고 싶은 일을 하면서 사시니 부럽네요"라는 말로 끝이 난다. 직장에 대한 그들의 만족도가 어느 정도인지는 알 수 없으나 지금 하고 있는 일이 '사랑하는 그 일'이 아니라는 것만은 느낄 수 있었다.

처음 만화라는 분야에 발을 들였을 때 필자는 성공한 작가들의 책을 꽤 많이 읽었다. 일을 하고 싶었기 때문이다. 어떻게 하면 일을 받을 수 있을지, 어디에 나를 홍보해야 할지 궁금해서 찾아본 책에는 하나같이 열심히 하고, 도전하고 변화를 받아들이고, 자신만의 콘텐츠를 개발하라는 이야기만 쓰여 있었다. 물론 이런 말들이 틀린 것은 아니었지만 그다지 위안이 되지 않았다.

지금 당장 할 일이 없어서 힘들고 절망적인 상황에 놓여 있는 사람에게 준비하면서 기다리라는 조언은 그다지 매력적으로 다가오지 않았다. 나에게 유일하게 위안을 준 사람은 막 데뷔를 앞둔 웹툰 선생님이었다.

당시 필자는 디지털 작업에 익숙지 않아 국가에서 지원하는 웹툰 과정을 수강하고 있었다. 강의가 거의 끝나갈 무렵, 선생님은 이렇게 말씀하셨다.

"강의를 들은 분들 중 3개월 안에 1화를 만든 사람은 모두 아직까지 그림을 그리며 먹고살고 있고, 그렇지 않은 사람은 다른 업을 찾아갔어요. 그러니 꼭 3개월 안에 1화를 만들기 바랍니다."

그런 말을 하는 선생님 또한 데뷔만 결정되었을 뿐 아무것도 이룬 것이 없는, 열정만 넘치는 청년이었다. 그런데 오직 그 선생님의 말만이 나로 하여금 직접적인 행동을 이끌어냈다. 그 말을 듣고 필자는 한 달 안에 1화를 만들었고, 지금까지 그림을 업으로 살아가고 있다.

그 어떤 장해물이 있어도 꿈을 포기하지 마라

수많은 사람들이 안정적인 생활을 위해 매력적으로 느끼지 않는 직장을 선택한다. "이 일이 즐겁지는 않지만 살아가기 위해선 어쩔 수 없어"라고 말하며 매일 힘겹게 일어나 출근하고 녹초가 되어 집으로 돌아온다. 그러고는 '내가 꿈꾸던 삶은 이게 아닌데'라고 한탄한다. 그렇다. 그들이 꿈꾸던 삶은 그것이 아닐 것이다. 하지만 그들이 선택한 삶은 그것이다. 지금까지의 삶이 마음에 들지 않는다면 지금이라도 사랑하는 일에 도전해야 한다.

짐 캐리가 졸업 연설을 했던 2014년 여름, 필자는 사랑하는 일에 도전하기 위해 두 가지를 포기해야 했다. 당장 눈앞에 있는 돈과 안정된 노후였다. 그리고 지금, 그때 포기했던 것보다 더 나은 것을 누리고 있다. 앞으로 나의 열정은 점점 더 뜨거워질 것이고, 나의 실력은 향상될 것이며, 그만큼 더 유명해질 것이다. 무엇보다 나는 지금 나의 삶이 정말로 즐겁다.

'사랑하면 오래 할 수 있다. 오래 하면 결국 잘하게 된다.'

처음 하게 된 일은 박봉이었지만 일을 할 수 있다는 것만으로도 기쁘고 감사했다. 누군가 내 그림을 원한다는 사실이 믿기 어려울 정도였다. 모든 작업이 정말 즐거웠고, 내가 할 수 있는 온 힘을 다했다. 내게 일을 주신 그분은 교육, 정치 등 여러 분야에서 활동한 작가셨는데 내 그림을 아주 마음에 들어 하셨다. 원본을 가지고 전시회를 하고 싶다고도 하시고, 부록으로 동화를 직접 써서 그림까지 그려보면 어떻겠느냐는 제안도 해주셨다. 그분과는 반년 정도 함께 일하다가 출판사에 문제가 생겨 2권까지만 작업하게 되었다. 하지만 그간 만든 작업물들이 포트폴리오로 가치가 있었고 실력도 꽤 좋아진 터라 바로 다른 일을 시작할 수가 있었다.

정말 즐기면서 일하면 자연스레 열정이 흘러넘친다. 그리고 그런 일은 오래 해도 지치지 않는다. 밤에 눈을 감을 때 내일 할 일이 기대되고, 아침에 눈을 뜨면 오늘 할 일에 설레는 사람은 뛰어난 업적을 남길 수밖에 없다. 그저 삶을 영위하기 위한 수단이 아니라 삶 자체에 어떤 의미를 부여하고 자아를 실현하는 일은 엄청난 활력과 환희를 준다. 그렇게 자신의 일에 오랜 시간 공들인 사람은 결국 잘할 수밖에 없다. 부딪히고 다시 일어서고 견뎌내는 과정을 통해 누구나 인정하는 실력자가 되는 것이다.

'연어는 강물이 자신을 거스른다고 회귀를 포기하지 않는다.'

한국에서 예술가로 살아가는 것은 대기업, 공기업에 취업하는 일만큼이나 어렵고 힘들다. 언제 끝날지 모르는 무명의 시간을 견뎌내는 것을 스스로 감내해야만 한다. 젊은 예술가를 키우는 사회의 지원은 너무나 열악하기만 하다. 열정과 노력, 근성을 더 짜내라는 말은 격려가 아니라 꼰대질이 된다.

나 역시도 그러한 말들에 상처를 많이 받았고, 열악한 환경 속에서 '이 나라는 예술가의 가치를 평가절하 하고 있다', '예술가를 꿈꾸는 사람들을 지원하지 않으면 문화적으로 뒤처질 것이다'라고 사회를 원망하기도 했다. 그랬던 시기가 있었기에, 누군가 내게 작가가 되고 싶다고 말하면 도전해보라고 말하면서도 날 원망하면 어쩌나 하는 걱정도 동시에 하게 된다. 물론 그들 역시 치열한 고민 끝에 결정하고 결국 자신의 길을 잘 헤쳐나갈 테지만 고난의 길에 들어서는 것을 응원하는 것은 썩 편치만은 않은 일이다.

세상이 꿈을 이루는 것에 도움을 주지 않는다고 해서 꿈을 포기할 수는 없다. 인생템은 천성 혹은 자라는 환경의 영향을 많이 받는다고 생각한다. 앞서 말했듯 좋아하는 일이 가장 잘하는 일이고, 잘하는 일을 할 때 성공할 가능성이 높기 때문이다. 그렇게 자신에게 부여된 인생의 명령을 주변 환경을 탓하며 포기하는 것은 자신의 인생에 상처를 입히는 일이다.

모든 사람이 원하는 일을 하면서 살아가지는 못한다. 그러나 모든 사람이 원하는 일을 하면서 살아가고 싶어 한다. 어느 편에 설 것인가는 자신의 결정에 달려 있다. 사랑하는 일에 도전할 것인가, 아니면 안정적인 삶을 택할 것인가. 사회적인 지원과 제도는 어려움의 조건으로 남기고 포기의 조건에선 지워버리자.

성공의 반대말은 도전하지 않는 것

이 일을 시작하면서 기도를 했다.

'세 번의 실패까지는 견뎌보겠다. 그러니 네 번째에는 성공을 맛보게 해달라.'

그 이후로 세 번의 실패가 이어졌다. 세 달 동안 준비한 일러스트 공모전, 두 달을 준비한 동화책 공모전 두 개, 그리고 수없이 보낸 이력서들. 세 번의 실패를 맛보고 나서 마지막 기회라고 생각하며 공모전에 작품을 냈다. 하지만 그마저도 보기 좋게 떨어지고 말았다. 발표 전날까지만 해도 또 쓴물을 마시면 그만두고 새 일을 찾으려고 했었는데, 결과를 받아들고 나는 또 새로운 작업을 준비하기 시작했다.

숫자를 정해둔 것은 모두 나를 채찍질하기 위한 핑계일 뿐이었다. 그림을 그리는 것 말고는 생각한 적이 없었다. 이 일은 내 인생이었던 것이다. 그렇게 다시 공모전을 검색하고 포트폴리오를 정리하고 있을 때 연락을 받았다. 일러스트 공모전에 냈던 그림을 보고 연락을 해온 것이었다. 그리고 책 세 권 정도를 같이 작업하자고 제안을 해왔다.

실패를 반복하면서 실패가 꼭 괴롭기만 한 것은 아니라는 사실을 깨달았다. 실패는 앞으로 보완해야 할 것이 무엇인지 가르쳐주는 과정이다. 실패를 두려워하며 도전을 포기하는 사람들이 많다. 나도 그중 한 사람이었다. 그것을 깨우치기 위해서는 한 가지 방법밖에 없다. 자신이 직접 부딪혀서 실패해보고 그것이 견딜 만하다는 사실을 경험하는 것이다.

내 삶의 큰 전환점이 된 한국영업인협회 교육 프로그램에서 했던 재미있는 훈련이 있다. 일부러 거절당하는 경험을 함으로써 실패에 대한 두려움을 사라지게 하는 것이었다. 예를 들면 '카페에서 커피를 리필해달라'고 해보는 식이었다. 약간 진상으로 보일 수도 있겠지만 그러한 경험은 상당히 많을 것을 생각해보게 했다. 거절을 당해도 아무 일도 일어나지 않으며, 가끔은 예상치 못한 이득을 얻을 수도 있다는 사실이었다.

자신이 하고자 하는 일을 할 때 이러한 경험은 더욱 필요하다. 하고 싶은 일을 시작하기까지 어려움이 있지만 막상 시작하게 되면 실패는 큰 문제가 되지 않는다. 하겠다고 마음먹는 것보다 더 어려운 일은 좋아하는 일을 포기하는 일이기 때문이다. 일단 시작하라. 그러면 이루기 위한 열정이 실패의 두려움을 중화시키고 그것을 성공의 과정으로 만들어줄 것이다.

가슴이 두근거릴 만큼 설레는 일을 찾아라

"우연히 SNS를 통해 웹툰 〈사업왕 심길후〉를 접했고 오늘 1편부터 18편까지 봤습니다. 막연하게 사업을 하고 싶어 하는 지금의 저와 너무 비슷한 거 같아 자꾸 감정이입을 하고 보게 되네요. (중략) 앞으로 작가님의 〈사업왕 심길후〉를 보면서 저도 더 힘을 내 사업 영감도 얻고 성공할 수 있도록 노력하겠습니다. 저의 가슴에 울림을 주는 웹툰을 그려주셔서 감사드리며 앞으로도 응원하겠습니다."

이는 내가 받은 첫 팬레터로, 나의 만화를 보면서 잊고 살았던 꿈을 돌아보았고 다시금 꿈에 도전해보려 한다는 내용이 꽤 길게 쓰여 있었다. 이 메일을 받고 나서 처음 든 생각은 '나에게 온 것이 맞나?' 하는 것이었다. 그때까지만 해도 스토리를 만들고 그림을 그리는 일이 누군가에게 보여주고 인정받기보다는 그저 나의 자아실현을 위한 것이었다. 좀 더 정확히 말하면, 누군가 나의 창작물을 보고 크게 감동받을 것이라는 기대를 하지 못했고, 그저 내가 보기에 괜찮다 싶으면 만족하는 정도로 작품을 만들었다. 그런 나에게 이 첫 팬레터는 엄청난 충격으로 다가왔다.

어떤 사람의 마음에 기쁨과 감동을 주고 그 삶에 좋은 영향을 끼치게 되는데 포기할 수 있겠는가? 내 만화의 다음 편을 보고 싶어 하는 독자가 한 명이라도 있으면 연재를 중간에 포기할 수가 없다. 마감을 한 주 미루는 것도 쉽지 않은 결정이다. 정말로 하고 싶었던 일이기에 그것을 인정받았을 때의 기쁨은 더욱 크고 강렬했다. 내 마음이 시키는 일이 있다면 도전해보라. 상상한 것보다 더욱 큰 기쁨이 기다리고 있을 것이다.

인생템을 그저 '인생에서 만난 가장 좋은 아이템'이라고만 말하기는 조금 아쉽다. 내가 생각하는 인생템은 인생 전체와 뗄 수 없는 것이기 때문이다.

어릴 적, 내가 그림을 그리는 직업을 갖는다는 것은 당연한 일이었다. 나는 어렸을 때부터 만화가가 되고 싶었다. 중학교 시절, 좋아하는 만화가를 만나고 싶어서 그 집에 찾아간 적도 있었다. 그날은 사인만 받고 돌아왔지만 다음 해에는 하룻밤을 머무르며 좋은 이야기를 많이 들었던 기억이 있다. 그렇게 만화에 대한 열정을 가지고 살았고, 나를 아는 주변 사람들 역시 내가 만화가의 길을 걸을 것이라고 예상했다. 하지만 삶은 예상치 못한 방향으로 흘러갔다.

당시 일명 이지메라고 불렸던 집단 따돌림의 원인이 일본에서 건너온 만화 때문이라는 뉴스 보도와, 학업에 방해된다는 안 좋은 이미지가 합쳐져 학교에서는 만화를 금지시켰고 만화가라는 직업은 박봉에 좋지 못한 문화를 만들어내는 직업으로 전락해버렸다. 설상가상으로 출판시장까지 기울면서 만화업계는 더욱 힘들어졌고, 동네마다 네댓 개는 있었던 책 대여점이 사라지면서 책으로 된 만화는 점점 추억의 문화가 되어갔다.

만화가 완전히 사양 사업이 되었을 무렵, 대학에 진학했고 꿈을 잃은 채 시간을 보냈다. 꿈을 강탈당한 기분이었고, 앞으로 무엇을 할지 고민하는 것을 그만두었다. 그 이후로 취미로도 그림을 그리지 않는 시간이 4년간 이어졌고, 대학 생활과 군 생활을 도피처 삼아 청춘을 허비하며 지냈다.

제대할 무렵 야후, 다음, 네이버와 같은 포털 사이트에서 웹툰을 게시하면서 만화가 다시 사람들 사이에 문화로 자리 잡기 시작했다. 하지만 나는 그때 큰 실수를 저지르고 말았다.

웹툰이 처음 나왔을 때 웹툰 작가는 일반인이거나 만화잡지에서 연재할 기회를 얻지 못해 인터넷에 게시하던 사람들이 많았다. 때문에 아이디어나 스토리는 좋았지만 작화력이 받쳐주지 못하는 경우가 대부분이었고 만화책을 즐겨 보던 독자들도, 만화가들도 초반엔 웹툰 시장을 무시하는 풍조가 있었다. 나 역시도 웹툰 시장을 보며 '아마추어나 그림을 올리는 곳이다. 저런 곳에서 작가가 되고 싶지 않다'는 생각을 했다. 그런데 스마트폰이 보급되면서 웹툰 시장은 점점 세를 넓혀갔고, 많은 스타 작가들이 탄생했다. 출판 만화 시장을 주름잡던 실력 있는 작가들도 웹툰 시장에 들어와 깃발을 꽂았고, 웹툰은 만화의 새 시장으로 자리를 잡았다.

상황이 그렇게 돌아갈 무렵, 나는 동화와 출판 삽화를 그리고 있었다. 제대 후에 진지하게 미래를 고민했지만 역시 그림을 그리는 것 말고는 하고 싶은 일이 없었다. 물론 가장 하고 싶은 것은 만화를 그리는 일이었지만 플랫폼이 출판에서 디지털로 바뀌는 시점이었기 때문에 어떻게 시작해야 할지를 몰랐으며, 제대 후에 미술학원에 등록해 배운 수채화를 웹툰에 사용할 수가 없었기 때문이다. 변화를 두려워하는 마음과 그나마 손에 익은 것을 계속 하고 싶은 마음이 나를 진정 하고 싶은 것으로부터 멀어지게 하는 상황이었다.

그 시기쯤 어떤 사업을 할 것인지 고민하는 모임에 참여한 적이 있다. 당시 나는 하고 싶은 것이 명확했기에 그것을 어떻게 구체화시킬지를 고민하는 중이었고 몇몇 사람들은 자신이 무엇을 하고 싶은지, 혹은 무엇을 잘할 수 있을지를 고민하고 있었다. 그중 한 분의 지론은 '그 아이템을 생각할 때 가슴이 벅차야 한다'는 것이었다.

그분은 내게도 내가 생각하는 아이템이 가슴을 두근거리게 만드는

지 물었다. 사실 그때 나는 내 아이템으로부터 그런 느낌을 받지 못했는데 그 이유는 단순했다. 너무나 오래 그 아이템을 염두에 두고 살았기 때문이었다. 그래서 가슴이 두근거리지는 않지만 “늘 내가 그림을 그릴 것이라 생각하며 살았기 때문에 아이템에 대한 고민은 없다”고 대답했다. 확신에 찬 대답이었기에 그분도 좋게 여기며 넘어갔다. 하지만 얼마 지나지 않아 '내가 스스로를 속이고 살았다'는 사실을 깨닫게 되었다. 클라이언트에게 “시대에 맞게 웹툰으로 제작해보면 어떻겠느냐”는 제안을 받자마자 가슴이 떨리고 벅찼기 때문이다.

좋아하는 만큼 더 도전하기 어려운 딜레마를 극복하라

고등학교를 다닐 무렵, 우리 지역은 고교 평준화가 되어 있지 않았다. 원하는 고등학교를 가기 위해 버스로 40분이라는 꽤 먼 거리를 통학해야 했는데, 0교시가 있었던 학교를 6일 동안(당시는 토요일에도 수업을 했다!) 다니는 것은 괴로운 일이었다. 하지만 그 시간이 즐겁게 느껴지는 때가 있었는데, 바로 마음에 드는 여학생과 늘 같은 시간에 버스를 탔기 때문이었다. '어떻게 말을 걸까?' 생각하면서 좋아하는 마음을 키웠는데 결국 말을 걸어보지는 못했다. 괜히 말을 걸었다가 등교 버스에서 보지 못하게 될 것 같은 노파심 때문이었다.

웹툰 업계에 발을 들이는 것이 어려웠던 이유 역시 '정말 원하는 일'을 실패할지도 모른다는 노파심 때문이다. 정말 하고 싶은 이 일에서 실패하는 것이 싫어서 그저 꿈으로 남겨두려 했던 것이다. 사랑과 열정으로 만들어낸 작품이 사람들에게 외면받고, 실패해서 만화를 그만두게 되면 어쩌나 걱정하며 멀리서 바라만 보고 있었다. 지금 와서 생각해보면 고생을 사서 한 시간이었다. 오히려 웹툰에 발을 들여놓기 시작한 이후에는 그러한 고민을 할 틈이 없다. 악평을 만회하기 위해 고민할 시간도 부족하기 때문이다.

만화를 그리는 것도 자전거를 처음 배울 때와 마찬가지였다. 시작하기는 어려웠지만 막상 시작하고 나니 어떻게든 굴러갔다. 중간에 넘어진 적도 있었지만 다시 올라타서 페달을 밟았다. 페달을 밟으면 앞으로 간다는 사실을 경험했기 때문이다. 해보지 않으면 실패가 두렵다. 그래서 시도조차 하지 않으려 한다. 하지만 막상 해보면 실패가 두렵지 않다. 그때부터는 실패가 결과가 아닌 과정이 되기 때문이다.

"하면 아쉬움이 남는다. 그러나 하지 않으면 후회만 남는다."

내가 등교 버스 안에서 그 여학생에게 한번 말을 걸어봤다면 어땠을까? 지금도 잘되었을 거라 생각하지는 않지만, 그냥 바라만 보다 끝난 것보다는 훨씬 재밌는 일들이 벌어졌을 거란 생각을 한다. 그때 한 번도 말을 걸어보지 못한 것을 후회한다. 웹툰도 마감을 하고 다시 읽어보면 그렇게 최선을 다했는데도 부족한 부분이 눈에 들어온다. '더 이상 잘할 수는 없다'는 생각이 들 때까지 그리고도 게시 후엔 '이렇게 표현했으면 더 재밌었을 텐데, 이 대사는 좀 밋밋한데' 하며 아쉬워하게 된다.

만약 내가 꿈은 꿈일 뿐이라며 위시 리스트에만 담아두었다면 어땠을까? 그림을 그리겠다고 결정하지 않았다면, 잘 못하겠으니 웹툰을 하지 않아야겠다고 했다면 어땠을까? 아마도 죽기 전에 가장 후회하는 일이 되었을 것이다.

늘 새로운 것을 만들어내야 한다는 압박감, 그리고 언제 다시 백수가 될지 모른다는 불안감 등 해결되지 않은, 그리고 해결되지 않을 수많은 어려움들이 산재해 있다. 그러나 결코 후회하지 않는다. 지금껏 살아오며 했던 결정 중 가장 잘한 결정이 바로 이것, '결과에 상관없이 한번 해보자'며 사랑하는 일에 뛰어든 것이다. 미지의 세계에 발을 내딛고 변화를 받아들이는 것은 어려운 일이나 그러한 결단 없이는 그저 현상 유지밖에 할 수 없다. 아인슈타인의 말처럼 어제와 똑같이 살면서 다른 내일을 기대할 수는 없다.

변화는 극복의 대상이지 기피의 대상이 아니다

웹툰은 디지털 작업으로 이루어지고 색을 입혀야 했다. 원고지에 직접 흑백으로만 그림을 그리던 나는 변화에 적응해야 했다. 새로운 방식의 만화는 새로운 연출 기술들을 요구했는데, 책 형식의 만화에 이미 익숙해져 있었기에 그 연출법을 적용하는 일이 너무나 어렵게 느껴졌다. 이외에도 익혀야 할 전문적인 기술이 많았는데, 문제는 그 변화를 받아들이는 것에 대해 극심한 두려움을 가지고 있다는 사실이었다.

처음 해보는 것을 잘할 수 없는 것은 당연했다. 하지만 내가 잘 못한다는 사실이 드러나는 것이 싫었다. 처음 웹툰 의뢰를 받았을 때 그것을 실전에서 겪으며 체화해야 했다. 당연히 결과물은 보잘것없었고, 내놓기 부끄러운 수준이었다. 하지만 이미 시작해버렸기에 피해간다는 것은 불가능했고 변화를 극복해야만 했다.

일단 유명한 작품을 보며 그들이 사용하는 연출 방식과 대사를 따라 했다. 그때부터 취미를 하나 잃어버렸는데 바로 '만화를 읽는 것'이었다. 흥미진진한 만화를 보면 다음 내용이 무엇일까를 궁금해하기보다 어떤 연출 때문에 긴장감이 생기는지를 분석해보게 되고, 속도감 있게 진행되는 액션을 보며 통쾌함을 느끼기보다 사용된 기법과 동선의 흐름에 관심을 갖게 되었다. 그런 식으로 공부를 하다 보니 내 만화에도 조금씩 좋은 평가가 달리기 시작했고, 이제는 조금이라도 더 볼 만한 연출을 하기 위해 먼저 변화할 부분을 찾아내고 있다.

변화의 흐름에 몸을 맡기면 몸은 변화를 추구하는 형태로 조금씩 바뀐다. 하지만 한번 기피하기 시작하면 감당해야 할 변화는 점점 더 불어나고 그만 포기하게 된다. 지금이 변화하기에 가장 빠른 시기라는 것을 늘 기억해야 한다. 어제 변화하지 못했음을 아쉽게 여기고 당장 오늘 변화해야 한다.

처음 웹툰을 시작했을 때 만든 작업물을 보면 정말 실소가 터져나오는 수준이다. 그림도 조악하고 연출도 엉망이었고, 말 칸 하나에 대사가 네다섯 줄이 넘고 모든 이야기를 대사로 설명하려 했다. 마치 교과서에 실린 교육용 만화를 보는 느낌이 들 정도다. 안타까운 것은 당시엔 그것도 최선을 다한 결과였다는 사실이다.

지금 그나마 봐줄 만한 만화가 된 것은 믿고 응원해준 에디터가 있었기 때문이다. 에디터는 필자가 작가로서 독자를 설득시킬 만한 논리를 구성해내야 한다는 것을 알려주었고, 사고의 크기를 넓히도록 여러 주제를 가지고 심도 있게 고민할 수 있게 유도해주었다. 또한 독자의 입장에서 지루하거나 잘 읽히지 않는 부분을 짚어주며 연출 능력을 개발할 수 있게 도와주었다.

에디터의 분석을 통해 작품의 수준이 조금씩 나아지긴 했지만 경쟁력 있는 만화의 모습을 갖추지는 못했다. 한계에 부딪히는 느낌을 받은 나는 2~3개월 정도 연재를 잠시 중단하고 웹툰에 대해 제대로 배워보고 싶다고 말했다. 갑자기 연재를 중단한다는 것이 실례라는 것을 알았기에 조심스럽게 말을 꺼냈는데 에디터는 흔쾌히 그러라고 말하며 성장해서 돌아오길 기대하겠다고 응원해주었다.

그 후 바로 웹툰 강의를 등록했다. 에디터가 보여준 신뢰와 격려에 나는 잠시도 쉴 수가 없었다. 두 달 동안 그림체와 분위기, 연출 방식을 전부 바꾸고 다음 화를 만들어 에디터를 찾았다. 그분은 기대했던 것보다 훨씬 좋아졌다며 만족해했고 그간의 노력을 보상받는 느낌이었다. 그런데 그다음 더욱 놀라운 일이 일어났다. 그 그림이 마음에 든다며 1화부터 다시 그려보자고 제안을 해준 것이었다. 그것은 나에게 엄청난 기회였다. 에디터가 제공해준 선의의 기회를 통해 나는 전에 비해 훨씬 수준 높은 작업물을 만들어낼 수 있었고, 그 경험은 아직도 내게 최선을 다하게 하는 동기가 되고 있다. 성장하기 위해 노력하는 사람은 좋은 기회를 얻을 수 있다. 어제보다 더 나은 자신을 만들기 위해 실력을 갈고닦는 사람은 늘 좋은 투자처가 된다.

"노력한다고 모두 성공하지 않는다. 하지만 성공한 사람은 모두 노력했다."

어릴 적 좋아하던 권투 만화에 나온 대사다. 포기하지 않는 근성과 노력은 재능을 압도하는 투자처다. 매의 눈으로 좋은 투자처를 찾는 이들은 노력하는 사람을 분명하게 구분해낸다. 누군가는 우리를 지켜보고 있다. 기회가 오는 것을 유심히 지켜보며 움켜쥘 힘을 길러온 사람만이 운명의 순간을 붙들 수 있다.

최고의 인생템은 자신이 사랑하는 일이다

마지막으로 꼭 하고 싶은 이야기가 있다. 처음에는 누구나 순수한 마음으로 세상을 바라본다. 하지만 그 순수함은 세상과 부딪히며 급속하게 상처를 입고 결국 깨져버린다. 많은 사람들이 순수함을 상실한 채 세상을 살아가지만, 특별한 어떤 사람들은 그 순수함을 다시 회복하기 위해 살아간다. 각자 회복하는 삶의 방식은 다르지만 나름대로의 철학을 가지고 깨진 순수의 조각을 이어 붙인다. 그렇게 회복된 순수함은 처음에 아무것도 알지 못했을 때와는 다르다. 세상의 불의에도 다시 깨지지 않는다. 삶이 평등하지 않고 개인의 의지만으로는 가능한 것이 많지 않다는 사실을 알면서도 노력하며 성실하게 살아간다. 그러한 삶의 가치를 세상의 잣대로는 측정할 수 없다.

우리는 모두 사회 안에서 살아가고 있다. 그리고 이 사회는 노력한다고 성공을 보장해주지 않는다. 하지만 그럼에도 불구하고 온 힘을 다해야 한다. 주어진 시간을 성실하게 살아가는 것은 부여받은 삶에 대한 예의이기 때문이다.

쉬지 않고 노력했지만 부와 명예를 얻지 못하고 끝까지 비참한 삶을 살다가 가는 사람도 있고, 좋은 집에서 태어나 평생 부족함 없이 누리며 살아가는 사람도 있다. 하지만 그 누구도 왜 운명이 불공평한지 알 수는 없고, 모든 사람이 평등하게 동일한 행복을 누리는 것도 불가능하다. 그러하기에 우리가 할 수 있는 것은 온 힘을 다해 살아가는 것뿐이다. 포기하지 않고 자신의 일을 열심히 해온 사람들이 세상을 발전시키고 지켜왔다는 사실은 부정할 수 없다. 환경의 지배를 받지 않을 수는 없지만 주어진 환경 속에서 최선을 다할지 말지는 자신의 선택이다.

자신이 살아온 삶을 자신이 평가해야 한다. 그것을 남에게 맡겨서는 안 된다. 자신의 삶을 평가하기 위한 조건은 스스로 정한 삶의 가치관을 갖는 것이다. 열정과 노력으로 자신을 발전시키며 살아온 사람은 온 힘을 다했다는 사실에 만족을 얻는다. 자신의 가치관에 걸맞게 살아온 삶 그 자체가 스스로에게 당당하기 때문이다. 그러나 삶의 철학을 가지지 못한 사람은 세상이 좋다고 말하는 것에 휘둘린다. 중심을 잡지 못하고 남들이 좋다는 것을 따라 살아가다가 결국 타인의 시선으로 자신을 평가하게 된다.

삶의 결과를 자신이 선택할 수는 없으나 어떻게 살아가야 할지는 스스로 정해야 한다. 지나온 시간을 억울하게 느끼지 않기 위해서는 삶의 결정권을 타인에게 맡기지 말아야 한다. 끊임없이 고민하여 자신의 철학을 구축하고 그것을 지키기 위해 노력해야 한다.

근성과 성실함으로 자아실현을 이루는 것이야말로 삶의 중요한 가치다. 하지만 어떤 사람은 삶을 유희로 생각하고 충분히 즐기며 살아가는 것이 인생이 허락된 이유라 여길 수도 있다. 다른 누군가는 인류의 발전을 위해 무엇인가를 이루거나 새로운 발견을 해내겠다는 목표를 가졌을 수도 있고, 사랑하는 사람들의 행복을 지켜주는 것이 삶의 가장 근곡적인 사람도 있을 것이다. 무엇이든지 스스로 결정한 삶의 가치관이라면 그것을 존중한다.

사회로 인해, 타인으로 인해 원하지 않는 삶의 방식을 선택해 살아가는 삶에서 탈피해야 한다. 자신이 무엇을 원하는지 아는 것, 그리고 그 결과에 목매지 않고 원하는 것을 끊임없이 추구하며 발전해가는 삶 자체로 만족감을 얻는 것, 그것이 낭만이다.

물론 나의 일은 결국 다른 사람들에게 평가받을 수밖에 없다. 나의 만족도와는 별개로 타인의 평가로 가치가 매겨진다. 세상의 모든 일이 그렇기 때문에 나의 만족만 바라보며 살 수는 없는 일이다. 분명히 기억해야 할 것은 스스로조차 만족하지 못하는 아이템으로는 아무도 만족시킬 수 없다는 것이다.

인생템이 사랑하는 일 그 자체가 되어야 하는 이유가 바로 여기에 있다. 가지고 있는 아이템의 가치를 자기 자신부터 높게 평가하며 사랑해야 타인에게도 매력적으로 느껴지고 높은 가치를 인정받을 수 있다. 자신 안에 부족함과 두려움이 있다는 것을 인정할 때 비로소 그것을 해결할 출발점에 서게 된다. 정확한 진단 후에야 정확한 치료가 이루어지는 것처럼 스스로를 잘 알 때 가장 잘할 수 있는 것, 즉 인생템을 발견할 수 있다.

좋아하는 일을 하면 오래 할 수 있기 때문에, 잘할 수 있기 때문에 결국 성공할 확률도 높아진다. 짐 캐리의 아버지는 회계사였지만 실패했다. 안정적인 일을 선택한다고 평생 무난하게 사는 것은 아니다. 미래라는 미지의 세계를 여행하는 길은 어떤 여건이라도 두렵고 험난하다. 그 길을 하고 싶은 일을 하면서 걸어가는 사람은 이미 성공한 사람이다. 행복은 끝에 있지 않다. 그 과정에 있다. 인생 최고의 아이템은 결국 자신이 사랑하는 일이다.

PART 3

다시 시작하는 힘, 살아내는 것도 능력이다

김상필

열정으로 사업을 일구어가는 사업가

2002년 한일 월드컵, 수많은 사람들이 미치도록 열광했던 그때를 기억할 것이다. 나 또한 야외에서 미친 듯이 응원하고, 밤새 그 기쁨을 누렸던 추억이 있다. 그로부터 17년이 지났다. 기억은 너무도 생생하지만 말이다. 오늘을 어떻게 살아야 할지 고민된다면 지나간 시간을 돌아보자. 그리고 지금으로부터 17년 후 과연 나는 어떤 모습일지 생각해보자.

10년 안에 했던 일들 중 기억나는 것이 있는가? 그것을 생생하게 기억하는가? 앞으로의 10년도 그렇게 흘러갈 것이다. 당신은 10년, 15년 후 몇 살이 되는가? 그 시기를 어떻게 살아가고 있을까?

살아오면서 한 번도 "경기가 좋다"는 말을 들어본 적이 없다. 언제나 누구에게 물어보든 "경기가 너무 안 좋다"는 말만 했다. 물론 매스컴에서도 경기가 좋다고 나온 적은 없었다. 이제껏 나는 경기가 좋은지 나

뻔지 생각해본 적이 없다. 경기와 상관없이 현재 상황에서 어떻게 살아내야 할 것인가를 늘 생각했기 때문이다. 힘든 상황에서도 치열하게 고민하고 열심히 노력하는 사람은 늘 잘 살아간다. 주변 사람들이 필자에게 "참 파란만장한 삶을 산다"고 이야기하지만 난 그렇게 생각하지 않는다. 나는 그저 직면한 현실을 마주하며 살아내기 위해 애썼을 뿐이다.

많은 사람들이 주어진 인생과 마주치는 현실을 살아낸다. 그런데 많은 사람들이 꿈을 좇아 살아가는 사람들은 멋있고, 그냥 현실을 마주하며 살아내는 사람들은 그렇지 못하다고 생각한다. 그래서 사람들 앞에서 자신에게는 꿈이 있고, 비전이 있는 것처럼 말하고 그렇게 보이려고 한다. 물론 자신의 꿈을 이루는 사람들도 많고, 실제로 그런 삶은 멋있다. 나도 그러한 삶을 부러워한다. 나에게 삶이 다시 주어진다면 어떠한 꿈을 꾸면서 살아갈지도 모르겠다. 그러나 결국 그 꿈을 이루는 것도 현실을 마주하면서 살아내는 것이다. 그러하기에 지금 이 순간, 현실에서 온 힘을 다하여 자신의 삶을 살아내는 모든 이들이 멋있다고 말할 수 있다.

필자는 삶을 고달프다고 생각한 적도, 누군가와 비교해본 적도 없다. 나에게 주어진 삶과 현실을 그냥 살아냈을 뿐이다. 내 삶은 전혀 특별하지 않다. 어렵게 살아온 날들이지만 누군가 보면 "호강했네"라고도 말할 수 있을 것이다. "나 고생했어, 힘든 시간을 보냈어요"라고 말하기가 부끄러울 만큼 지금 힘겨운 시간들을 보내고 있는 이들도 있을 것이다. 그럼에도 "우리 잘 살아냅시다"라고, "지금 우리 앞에 놓인 현실과 상황 앞에서 정면돌파 하면서 살아냅시다"라고 말하고 싶다.

순간의 선택이 전혀 다른 길로 인도한다

2016년, 엄청난 결정을 해야 할 순간을 맞이했다. 모든 것을 내려놓고 태백의 '예수원'이란 곳에서 나 나름대로 엄청난 고뇌의 시간을 가지고 내린 결론은 '그래, 정면돌파 하자, 피하지 말고 부딪히자'였다. 실제로 그때부터 닥쳐오는 일들에 온 힘을 다해 맞섰다. 놀라운 것은, 환경이나 상황이 변할 수는 없지만 그러한 결정을 한 이후에 그것들을 견디고 극복할 힘이 생겼다는 사실이다.

열정을 만들어내는 것은 절박함이다. 꿈을 이루기 위한 절박함이건, 생계를 위한 것이건 그것이 내 안에 살아 있는 한 열정은 솟아나게 마련이다. 바닥으로 내려갈수록 절박해지고 열정 또한 뜨겁게 일어나게 된다. 절박함이 있다면 무언가를 시작하는 데 주저하지 않는다.

많은 사람들이 무언가를 시작하기 전에 모든 미래를, 모든 길을 다 보고 싶어 한다. 그러나 신은 절대 전부를 보여주지 않는다. 우리가 첫걸음을 떼었을 때 그다음 길을 보여주신다. 필자는 "시작이 반이다"라는 말을 몸소 경험했다. 나의 이야기를 통해 많은 분들이 새로운 첫걸음을 내딛길 소망한다.

중학교 1학년이었던 어느 날 저녁, 나와 동생은 어디론가 피하라는 어른들의 성화에 급하게 집을 나왔다. 하루아침에 우리의 상황은 하늘에서 땅으로 떨어졌다. 그전까지만 해도 우리 집 형편은 비교적 부유했다. 공무원이신 아버지와 나름 재테크를 잘하신 어머니 덕분에 큰 집에서 부족함 없이 자랐다. 지금 생각해보면 그날 빚잔치가 시작되었던 것 같다. 아버지와 나, 동생은 하루사이에 방 한 칸에 두 집이 부일을 같이 쓰는 곳, 기차가 지나가면 너무 시끄러운 곳, 화장실 바로 옆이라 볼일 보는 소리도 다 들리는 방에서 지내게 되었다. 그런데 당시에는 그러한 상황을 전혀 힘들게 느끼지 않았다. 그저 주어진 환경에 맞춰 살았던 것 같다. 오히려 나는 학교에서 엄청나게 장난을 잘 치는 아이로 유명했다.

한동안 다른 곳에서 지내시던 어머니가 대구에 정착하면서 중학교 2학년 때부터는 온 가족이 방 한 칸에 모여 살게 되었다. 아버지는 주말마다 내려오셨다. 장남인 나는 새벽에 신문 배달을 하면서 집안 살림에 보탬이 되기 위해 애썼다. 어머니는 포장마차를 하셨고, 나는 밤마다 어머니를 도와 문을 닫으면서 고교 시절을 보냈다. 그런데도 내 현실이 힘들다고 생각해본 적은 없었던 것 같다. 현실이니까 그냥 살아갔다. 어렸기 때문일 수도 있지만 말이다. 물론 아버지나 어머니는 삶이 엄청 힘드셨으리라 생각한다. 힘든 상황 속에서도 끝까지 가정을 지켜내신 두 분을 무척 존경한다.

고등학교 졸업 후 대학에 들어가 기계설계를 전공했다. 굉장히 싫어하던 수학 과목을 공부하게 된 셈이었다. 그 당시 워낙 대입경쟁률이 높았기 때문에 상위권 아이들 말고는 적성이나 원하는 것과 상관없이 성적에 따라 대학교를 가야만 했다. 돈을 벌고 싶어서 '취업은 잘되겠지' 하는 마음으로 그런 선택을 했는지도 모르겠다.

대학교 졸업을 앞두고 취직하기 전까지 하루도 쉬지 않고 야간 아르바이트를 했다. 그러다 대구에 위치한 현대자동차에 취업을 했다. 자재관리부에 신입으로 입사하여 6개월 만에 노력을 인정받아 설계 도면을 볼 수 있는 신차개발 외주관리팀에서 일하게 되었다. 자동차에 들어가는 일부 완성 부품을 납품했던 이 회사는 현대자동차 1차 밴드로 큰 회사였다. 학교를 졸업하자마자 큰 규모의 회사에 입사를 하고 성실히 일해 인정을 받은 것이 나름 뿌듯했다. 그런데 시간이 갈수록 '이렇게 사는 게 무슨 의미가 있지?' 싶은 마음이 강하게 들었다.

당시 나는 아침 6시에 일어나 출근해 거의 매일, 심지어 토요일에도 밤 10시까지 일을 했다. 선배들을 보니 행복해 보이지가 않았다. 가족을 위해 어쩔 수 없이 다니고, 선택적 여지 없이 힘겹게 다니는 모습을 보면서 2년여가 되어갈 때쯤 부모님 몰래 사직서를 던졌다.

파란만장한 삶의 중심에 서다

내 삶이 파란만장한 건지는 사실 잘 모르겠다. 그저 살아내기 위해 참으로 여러 일들을 한 것을 보고 주변에서 그렇게 말하는 것 같다. 그동안 일을 안 하면 불안했기 때문에 제대로 쉰 적이 없었다. 좋은 회사를 그만두고 시작한 일은 만화책을 도매로 사서 만화책 대여방에 공급하는 일이었다. 다마스에 만화책을 싣고 골목골목을 누비며 거래처를 뚫고 시골 골짜기까지 다니면서 만화책과 소설책, 잡지 등을 공급했다. 그러던 와중에 유행은 시들해졌고 결국 사업을 접을 수밖에 없었다.

다시 일하게 된 곳은 전공과 전혀 상관없는 법무사 사무실이었다. 신용카드사에는 추심할 채권들이 엄청 많은데, 그 당시 카드사들은 추심 채권을 진행할 때 법무사에 대리를 맡기곤 했다. 법무사 사무실에서는 컴퓨터가 아닌 타자로 일일이 소장을 만들어 법원에 접수하고 그 수

수료를 받아 수익을 냈다. 그러다 보니 하루에 소장을 만들어내는 건수가 얼마 되지 못했다. 카드사에서 진행해야 할 추심 채권은 많은데 빠르게 처리할 수 있는 시스템이 없었던 것이다.

보다 못한 사무장이 데이터만 넣으면 1분 만에 소장 한 건이 작성되는 획기적인 프로그램에 투자를 했다. 덕분에 전국의 카드사를 다니면서 시연을 하여 거래처를 넓히게 되었고, 법원 접수 업무까지 대행하게 되었다. 당시 모든 영업에는 접대가 있었고, 법원에도 어마어마한 접대를 해야만 제대로 일할 수 있었다. 그렇게 1년 반 정도의 시간이 지나면서 접대 생활에 회의를 느껴 결국 그 일을 그만두게 되었다. 그 뒤로 태양열 설치 영업, 어린이집 운전기사, 이삿짐센터 등 직면한 현실 속에서 살아내기 위해, 책임을 다하기 위해 쉼 없이 달려왔다. 누가 보면 제대로 된 회사에 취직을 못 하였기 때문이라고 말할 수도 있고 능력이 없어서라고 말할 수도 있겠지만, 중요한 건 어떠한 결정을 내려서 마주한 현실에서 절박함으로 살아냈다는 것이다.

그 이후 30대에 종교단체 간사로 8년간 일하게 되었다. 신앙심으로 인생의 최고 황금기를 보냈지만, 더 이상 버틸 수 없게 만든 건 역시 경제적인 문제였다. 아이 둘을 부양해야 하는 가장으로서 80만 원의 월급으로는 도저히 살 수가 없었다. 아내도 일을 하였지만, 신앙만을 내세우기에는 가장으로서의 책임을 다하지 못하는 것 같아 30대 후반에 새로운 인생에 도전하기 위해 그만두게 되었다. 초등학생과 유치원생 자녀를 둔 아버지가 무직이었을 때의 그 불안함과 절박함은 가장이 되어 본 사람이라면 알 수 있으리라 생각한다.

노점 장사라도 해보려고 아이템을 고심하면서 일본까지 가 일주일간 매일 걷고 또 걸으며 둘러보기도 하고, 배낭 하나를 메고 서울의 대학가를 찾아 헤매기도 했다. 그러던 중 서울에서 나이키 신발을 인터넷으로 판매하고 있는 어릴 적 후배를 만나게 되었다. 후배는 나처럼 밑천도 없고 온라인 판매가 무엇인지, 어떻게 하는지 모르는 사람도 인터넷 판매를 할 수 있다고 장담했다. 당시만 해도 온라인 판매가 그렇게 활성화되어 있지 않았다.

아내와 함께 상의 끝에 1,500만 원을 대출받았다. 아무것도 모르지만 '시작하면 어떻게든 되겠지' 하는 생각이었다. 보증금 100만 원에 월세 10만 원인 방을 하나 구해서 일을 시작했다. 나이키 신발을 매입하려고 보니 늘 수입처에 남아 있는 것은 빅 사이즈뿐이었다. 그 당시 시장에 빅 사이즈를 판매하는 사람은 없었다. 수입처에서 자금회전을 위해 빅 사이즈를 싸게 넘기겠다고 해서 결국 빅 사이즈만 매입을 하기로 했다. 상품의 사진을 찍고, 상세페이지를 만들어서 온라인 사이트에 올려야 하는데 아는 것이 아무것도 없었다. 동생의 도움으로 3일 만에 신발 하나를 올렸더니 신기하게 주문이 들어왔다. 그렇게 온라인 판매 사업을 시작했다.

발이 큰 사람이 그렇게 많은 줄 몰랐는데 지방 곳곳에서 직접 사러 오는 사람도 있고, 농구선수도 있고 주문이 굉장히 많이 들어왔다. 게다가 시중에서 구하기 힘든 만큼 아주 좋은 마진으로 판매를 할 수 있었다. 그렇게 절박함 속에서 살 길을 찾았고, 그것이 열정으로 바뀌어 정말 어떻게든 되었던 것이다.

그 이후 서울에 있는 후배의 도움으로 소위 말하는 '땡처리' 브랜드 제품만을 사입하게 되었고, 브랜드 가치로 인해 두 배 정도의 수익률을 내면서 조금씩 성장했다. 그러던 와중 사업성을 본 후배가 투자하여 공동으로 회사를 운영하게 되었다. 방 한 칸에서 상가 사무실로 옮기고 상가 사무실 한 칸에서 1, 2층으로 옮겨 사용하게 되면서 빠른 시간 안에 성장을 했다. 그렇게 열정을 가지고 열심히 일하던 중 후배의 도움으로 해외에서 브랜드 신발을 대량으로 수입하는 업체를 만나게 되었고, 우리의 성실함을 인정한 업체에서 3개월 여신으로 물량을 공급해주기 시작했다.

그 시점과 맞물려 소셜커머스가 등장하였고, 대량 물량을 가진 업체만이 진행할 수 있는 초기 소셜커머스의 공동구매 진행을 시작하게 되었다. 한 번의 행사에 매출은 억대로 늘어나기 시작했고, 우리는 소셜커머스 업계의 VIP 고객이 되어갔다. 대형 백화점도 찾아가기만 하면 반겨주었다. 후배 두 명에게 재무와 해외영업을 맡기고 공동지분을 가지면서 3년 만에 70억에 가까운 매출을 올리게 되었다. 그렇게 개인 사업자가 된 지 4년 만에 20억 매출을 달성하였고, 기하급수로 늘어가는 매출에 2011년 법인 사업체로 변경하여 대표이사가 되었다. 나에게 있을 수 없는 일들이 일어난 것 같았고, 짧은 시간에 엄청난 회사로 성장하게 된 것이 믿기지 않았다. 금융권에서는 서로 대출을 해주려 하였고, 항상 은행에 가면 지점장과 만나는 VIP 고객이 되었다. 심지어 지점장과 부지점장이 바뀌면 회사로 인사를 하러 오기도 했다.

실패를 처음 경험하게 만든 단 한 번의 결정

지금껏 가장 후회되는 선택이 하나 있다. 성장을 계속 이어가던 중 서서히 자본력을 갖춘 경쟁업체들이 온라인 시장에 진출하기 시작하면서 가격 경쟁이 뜨거워졌고 수익률이 떨어지게 되었다. 새로운 아이템이 필요했다. 그 시점에 한 회사에서 매우 많은 물량을 내놓는다는 정보를 들었고 확인한 결과, 모든 백화점 매장을 철수시키면서 몇 년간 쌓아놓았던 물량을 땡처리 한다고 했다.

총 소비자가가 200억이었는데 할인율이 90%였다. 몇몇 회사에서 제안서를 넣었고 최종적으로 우리가 인수하기에 이르렀다. 어떤 회사도 우리처럼 현금 20억으로 인수 의사를 밝힌 곳이 없었다. 우리는 내부적으로 '단기에 6억의 순수익을 낼 수 있다'는 결론을 내렸기에 과감하게 도전장을 내민 것이었다. 그런데 이 결정은 향후 엄청난 고통으로 돌아왔다.

총 금액 21억, 총 수량 거의 10만 족, 우리는 티켓몬스터에서 유례없는 10억의 투자를 받았고, 물류센터도 티켓몬스터 물류를 사용하면서 티켓몬스터에서 독점으로 판매하기로 계약했다. 제일모직과 계약을 마치고 며칠에 걸쳐 5톤 차량으로 몇 십 대 분을 입고시켰는지도 계산이 안 될 만큼 물량이 어마어마했다. 어쩌면 여기서부터 로스가 발생하기 시작했던 것 같다.

온라인 판매는 제품이 들어오면 사진을 찍고 콘텐츠를 만들고, 제품 상태에 따라 시간이 어느 정도 걸리게 된다. 투자회수금 때문에 엄청난 인력을 투입하여 물류 정리를 하고, 정리가 되는 내로 상태가 좋은 것부터 판매를 시작했다. 그런데 판단 착오가 서서히 드러나기 시작했다.

생각지도 않았던 물류비용, 인건비, 신발 상태로 인한 반품비용 등의 손실비용이 월에 몇 천에서 1억까지 생기기 시작했다. 엎친 데 덮친 격으로 투자금을 다 갚고 남은 물량으로 수익을 내야 할 시점에 남은 물량이 거의 다 불량이었다. 너무 오래된 것들이어서 썩거나 판매할 수가 없는 제품들이었다. 수익을 만들어야 되는 물량이 다 그 모양이니 타격이 정말 컸다. 누구를 원망할 수도 없었다. 1차 구조조정을 하고 판매 가능한 제품을 골라서 최대한 판매를 하여 자금을 만들었지만 점점 회사는 자본잠식을 당하기 시작했다. 그리고 어느 순간부터는 금융권에도 도저히 변제할 수 없는 상황까지 오게 되었다.

2016년 5월, 함께 일하던 직원들을 내보내고 초창기 멤버만 남게 되었다. 그해 6월은 생애 가장 힘든 결정을 하게 된 시간이었다. 회사를 포기한다는 것이 도저히 용납되지 않아서 어떻게든 지탱해보려고 몸부림을 치다가 결국 법인 회생을 신청하게 되었다. 긴 심사 끝에 법인 회생이 받아들여졌다. 단돈 10원을 사용하는 것까지도 법원의 허락을 받아야 했고, 일주일마다 모든 현황을 법원에 들어가서 보고하기를 1년, 결국 회생을 하지 못하고 파산을 결정했다.

모든 것을 다 잃은 듯했던 시간들

법인 파산을 하면서 대표이사인 나는 22억의 법인 부채를 다 떠안아 결국 개인 파산까지 하게 되었다. 그 이후 드라마에서나 나올 법한 일들을 겪기 시작했다. 집 안의 모든 것이 압류되었다. 당시 큰아이는 고3, 둘째아이는 민감한 사춘기를 지나고 있었다. 하루하루 지옥 같았지만 아이들에게 영향을 주고 싶지 않아 어떤 표시도 내지 않았다. 집이 경매에 넘어가고 이사를 해야 되는데 대입을 앞둔 아이가 걱정이었다. 많은 일들이 닥쳤지만 결국 스스로 견디고 극복하는 방법 외에는 없었다.

나는 가장이자 남편이었고 두 아이의 아버지였다. 따라서 내가 무너지면 안 되었다. 절박함으로 살기 위해, 살아내기 위해 몸부림치기 시작했다. 그러던 중 후배가 과일 주스 매장에 음식물분쇄기를 설치해주는 대리점을 해보지 않겠느냐고 권했다.

음식물분쇄기를 사용해보았기 때문에 좋다는 것은 알고 있었지만, 고가의 제품을 누가 인터넷으로 살까 싶었다. 그래도 어떠한 시장인지 한번 알아보고 싶어서 온라인상의 음식물분쇄기 브랜드 본사를 다 찾아서 상담을 받기 시작했다. 인천, 수원, 서울, 전라, 경남 등 방방곡곡으로 시장조사를 다녔다. 밤에는 대학교 앞에서 와플을 굽는 아르바이트를 했다. 무엇도 알아보지 않고 어떤 일도 하지 않으면 불안해서 견딜 수가 없었다. 무슨 일이라도 했다. 그래야 마음이 편했다. 그러다가 공황장애가 왔다. 정말이지 힘든 나날이었다. 하지만 포기하지 않았다. 그랬더니 서서히 길이 보이기 시작했다.

무엇이라도 시작하면 어떤 일이든 일어난다

기존에 회사를 운영할 때 거래하던 안경 제조업체가 있었다. 그 업체에서 받을 돈이 1,500만 원 있었는데 현금이 없다며 안경 제품으로 변제를 해주었다. 판매 경험이 있던 터라 길만 뚫면 사업의 마중물이 될 수 있겠다고 생각했다. 그리고 예전에 같이 일했던 직원이 재택근무로 일을 도와주어 온라인 판매를 할 수 있게 되었다.

어떠한 광고도, 홍보도 못 했지만 세계에서 제일 가벼운 선글라스로 특허받은 만큼 꾸준히 판매되었고, 그것이 자금줄이 되어주었다. 그리고 음식물분쇄기 제조사를 찾아가 초도물량 매입자금이 없으니 세 번에 나누어 초도물량을 사입하기로 하고 정식 계약을 맺었다. 60만 원이 넘는 제품을 누가 인터넷에서 살까 반신반의하면서 몇 대 가지고 온 제품을 판매할 자신도, 생각도 없어서 일단 묵혀두었다. 그러다가 '이건 안 되겠다'고 결론을 내리고 <중고나라>에 그냥 원가로 판매해서 현금이라도 만들어야겠다고 생각했다. 그런데 생각지 않게 제품이 빨리 팔리는 것이 아닌가!

필자는 '되든 안 되든 시도는 해봐야지'라고 마음을 고쳐먹고 정식으로 디자인을 해서 만든 제품을 모든 사이트에 올리기 시작했다. 놀랍게도 제품은 잘 판매되었다. 그 기회에 예전에 함께했던 팀장에게 연락해 월급을 많이 줄 수는 없지만 다시 한 번 같이 꿈을 가지고 제대로 된 회사를 만들어보자고 제안했다. 그리고 고맙게도 지금까지 함께 일하고 있다. 나를 믿어주었기에 가능한 일이었다.

그렇게 두 개의 인생템이 제자리를 찾았다. 더 놀라운 것은, 음식물분쇄기 사업을 할까 말까 하다가 어느 대표님을 만났는데 글쎄 30년 전 같이 신앙생활을 하던 분이었다. 나의 상황을 설명하자 그분은 초도물량 매입 없이 직영점 판매를 시작하게 해주었다.

가능성이 조금이라도 보이면 도전하라

법인 사업을 할 때 어떤 분의 소개로 계명대 식품공학 박사이자 국내 식초박사 1호이며, 현재 발효전문기업 대표이신 정용진 박사님을 알게 되었다. 그때 박사님의 회사에서 개발한 3년 숙성 현미 흑초나 저염 발효 소금 등이 있었는데, 무엇이라도 좋으니 판매를 할 수 있으면 다 해보라고 해서 콘텐츠를 만들고 무조건 실행에 옮겨보았다.

제품은 좋은 제조업체가 정말 많다. 그러나 그것들을 마케팅 할 수 있는 여력이 안 되다 보니 빛을 못 보는 것이다. 온 힘을 다하는 모습을 좋게 봐주신 박사님은 늘 많은 배려를 해주셨다. 그런데 알고 보니 놀랍게도 그 박사님이 큰 처남의 20년 지기 선배였다. 그 이후 사적으로 만나기도 하며 지금까지 귀한 인연을 이어가고 있다.

어느 날 박사님이 시중에 없는 프리미엄 발효콩 단백질을 판매할 수 있도록 제품을 출시해주셨는데, 어떠한 홍보도 없이 시장에서 반응을 보이기 시작했다. 국내산 콩에 발효과학 기술까지 들어가다 보니 원가 자체가 비싸서 고민하다가 지금은 실속형 포장용기로 가격 부담을 완전히 낮춰서 광고 없이 꾸준히 판매하고 있다. 이는 또 하나의 인생템이 되었다. 그 이후 박사님은 젊은이들을 위한 초코 맛까지 출시해주셨다. 어떠한 광고나 홍보 없이도 시장의 반응이 좋기에 분명 홍보만 잘하면 더 좋은 실적을 낼 수 있을 것이라고 확신한다. 가능성이 조금이라도 보인다면 온 힘을 다해보라. 그러다 보면 어떤 일이든 일어날 것이다. 이러한 도전의 열정도 결국 절박함에서 나온다.

법인 회생 중 어떻게든 새로운 아이템을 찾기 위해 중국의 세계 최대 도매시장인 이우시장을 세 번이나 다녀왔다. 새로운 아이템의 제조회사를 만나기 위해 공장까지 찾아가고 어떻게든 살아보려고 안간힘을 썼다. 그때 텀블러를 일부 수입했는데 사전에 미리 필요한 인증 부분을 확인하지 못해 결국 통관도 못 거치고 폐기해야만 했다. 하지만 그러한 경험을 통해 많은 것을 배우게 되었다.

최근에는 유통업을 크게 하는 후배가 한 이불 브랜드의 베개 판매를 맡게 되었는데 필자에게 함께 하자고 연락을 해왔다. 아마도 열정적으로 성실히 살아가는 필자의 모습에 신뢰를 느낀 듯하다. 새롭게 일을 시작한 첫해부터 매출은 억 단위를 넘어섰다. 실로 기적 같은 일이 아닐 수 없다. 또 하나의 인생템이 생긴 셈이다.

지금 수익을 낼 수 있는 인생템은 네 개 정도인데, 단기적 목표는 기존 시장에 없거나 시장에 있지만 가격경쟁력이 있는 아이템 열 개를 더 구축하는 것이다. 단, 시장에서 광고나 홍보 없이 반응을 일으켜 일정 수익을 내는 아이템만 정착시킬 것이다. 그것이야말로 제품력으로 인정을 받는 것이기 때문이다. 조금 더 안정되면 단백질 시장이 주목을 받고 있는 중국의 타오바오와 미국의 아마존에 입점할 예정이다.

"하늘은 스스로 돕는 자를 돕는다"고 했던가. 스스로 노력하지 않는다면 어떤 일이 일어날 리도 없고, 도와줄 사람을 만날 수도 없다. 어떠한 일에 대해 성공과 실패를 규정짓고 싶지는 않다. 그저 되는 일과 안 되는 일이 있을 따름이다. 시작해보지 않고서는 되는 일인지, 안 되는 일인지 알 수가 없다. 되는 일은 계속하면 되는 것이고, 안 되는 일은 안 하면 된다. 절박함 속에 열정적으로 살아갈 때 새로운 인연을 만나게 되고 도움의 손길도 생긴다. 이제 곧 그 도움의 손길들을 통해 그동안 꿈꿔왔던, 나만의 고단백질 식품인 나의 브랜드 'REAL energy'가 11월부터 생산되기 시작한다. 이 제품을 통해 또 한 번 비상하는 날이 되길 기도하며 소망한다.

필자는 내년이면 지천명이다. 그러나 여전히 청년들보다 열정적으로 살아갈 것이다. 그것이 이웃을 위한 일이라면 더욱 좋을 것이다. '소.확.성'이라는 글자를 만들어보았다. 소소하지만 확실한 성공! 그 작은 성공들이 모여 큰 성공을 이루어가는 사람들, 그 사람들과 함께 나의 열정을 불태우고 싶다.

재택이나 부업으로 적어도 남편 월급만큼 돈을 벌고 싶은 주부들이나, 나와 같이 두 번은 실패하고 싶지 않은 사람들의 친구로 인생 2막을 준비하는 사람들을 위해 내가 가지고 있는 미약하나마 작은 기술과 노하우를 그들과 함께 공유하고 싶다. 지금은 한국영업인협회의 심길후 회장님을 만나 새로운 꿈을 그리는 중이다. 무엇이 그려질지는 모르겠지만 또 다른 도전이 기다리고 있을 것은 분명하다. 절박함은 열정을 만들어낸다. 열정은 두려움을 이기고 무엇이든 시작하게 한다. 시작이 반이다. 시작하면 반은 한 것이다. 시작하면 무슨 일이든 일어난다.

PART 4

고객의 입장에서 소통하는 헤어디자이너가 진짜 프로페셔널이다

김윤화

평생 외길 헤어디자이너로 최고를 지향하는 진짜 프로

성공이란 절대 실수를 하지 않는 게 아니라 같은 실수를 두 번 하지 않는 것에 있다.
- 조지버나드 쇼

"윤화야, 미용실 하면 한 달에 500만 원 번대."

중학교 2학년 때 친구의 이 말을 듣고 나는 미용을 하면 잘할 수 있을 거란 생각이 들었다. 왜냐하면 중학교 2학년 때부터 혼자서 머리를 잘랐기 때문이다. 그것을 계기로 시작한 미용이 어느덧 19년째에 접어들었다.

1994년, 우연히 친구를 따라 미용실에 갔는데 커트가 너무 쉬워 보였다. 바리캉으로 뒷머리를 세 번 자르고 옆머리를 자르더니 커트가 3분도 안 되어 뚝딱 끝났다. 그때 '아, 머리는 그냥 색종이 오리듯이 자르면 되는구나'라고 생각하게 되었다. 그 당시 학교 규정이 귀밑 3cm 일자 머리였기 때문에 커트하는 게 너무 쉬워 보였다.

그러던 어느 날 머리가 많이 길어 미용실에 가서 잘랐는데 앞쪽머리가 짝짝이가 되고 말았다. 미용사에게 이상하다는 말도 못 하고 울면서 집에 돌아오며 다시는 미용실에 가지 않고 혼자 커트를 하겠다고 다짐했다. 머리가 짝짝이인 것보다 커트비용 5천 원이 더 아까웠다. 집에 와서 혼자 짝짝이 머리를 다듬고 그 이후로 고등학교 때까지 혼자 머리를 잘랐다. 고등학교 때부턴 친구와 친구 동생의 머리까지 커트해주며 미용의 꿈을 조금씩 키웠다.

꿈 많은 열아홉 살, 고 3 때 학교 가는 게 싫어 학교에서 연계시켜준 취업 회사에 다니게 되었다. 외국계 할인마트에서 계산하는 일을 했다. 고등학교 졸업 후 스무 살이 되어 아버지에게 미용학원을 다니고 싶다고 말했지만 반대하셨다. 아마도 학원비에 부담을 느끼셨던 듯하다. 그래서 그냥 다니던 마트에서 계속 일을 했다. 하루는 정산을 하는데 9만 원이 비었다. 열심히 일했지만 9만 원이란 거금이 월급에서 차감되었다. 그러자 더는 그 할인마트에서 일하고 싶지가 않았다.

일을 그만두고 지역신문을 찾아보다 무료로 미용을 가르쳐준다는 학원을 발견했다. 국비로 미용을 배워 필기와 실기를 한번에 붙으며 미용이 내 길이라는 것을 확신하게 되었다. 하지만 생각보다 일이 쉽게 풀리지는 않았다. 고객을 늘리기 위해서는 최고의 기술이 있어야 한다고 생각하고 열심히 기술 공부를 했다. 2천만 원이 훌쩍 넘는 비용을 투자하여 미용기술을 배우고 교육을 받았지만 15년이 지나도록 고객은 좀처럼 늘어나지 않았다. 성공 비법을 알고 싶어 많은 강의를 듣다 한 인터넷 강의를 접하고 '이거다' 싶어 12회에 1,100만 원이나 하는 강의를 듣게 되었다.

브라이언 트레이시는 《판매의 심리학》에서 영업직에 있을 당시 자신이 다니던 회사의 최고 세일즈맨에게 제품을 파는 프레젠테이션과 세일즈를 배우고 자신도 그가 하는 대로 했더니 최고의 매출을 올릴 수 있었다고 한다. 나중에는 자신의 멘토를 뛰어넘어 세계적으로 강의를 하고 다니며 한국 돈으로 8억의 강의료를 받았다. 필자는 다른 방법으로 최고가 되기 위해 심현수 회장님의 강의를 듣게 되었다. 그리고 2년 동안 교육을 받으면서 헤어디자이너들에게 지금 필요한 것이 무엇인지 알게 되었다.

생각처럼 순탄하지만은 않았던 미용의 길

2000년 1월, 작은어머니의 추천으로 수서역의 작은 미용실에 취직을 했다. 원장님과 디자이너 두 명에 나(스텝)까지 총 네 명이 한 미용실에서 같이 일했다. 일주일에 평일 하루만 쉬고 열두 시간 근무에 한 달 월급은 40만 원부터 시작했다.

미용실에서는 체계적인 교육이 없었다. 나는 미용 교육 사이트나 책을 보며 공부하였고, 혼자 스텝 일을 하다 보니 거의 대부분이 잡일이었다. 손님 샴푸해주기, 바닥 치우기, 롯드 정리하기, 머리카락 털어주기 등 3년 6개월 동안 보조역할만 했다. 한 달에 딱 한 번 학생 한 명 커트와 디자이너가 다 퇴근하면 어쩌다 한번 드라이하는 것이 전부였다. 시간이 흘러도 기술이 늘기는커녕 샴푸와 청소가 나의 주 업무였고, 빨리 성장하고 싶었지만 늘 제자리걸음처럼 느껴졌다.

2003년 어느 날, 디자이너 한 명이 그만두자 원장님은 나를 지원해주시겠다며 내 밑으로 스텝을 뽑았다. 그런데 새로 들어온 스텝이 혹시 그만둘 생각이 있는지 물었다. 자신은 곧 그만둘 건데 만약 자신이 그만두면 내가 그만두기 힘들어질 테니 그만둘 생각이라면 먼저 말을 하라고 했다. 더 이상 그 미용실에 붙잡혀 있기 싫어서 원장님에게 미용실을 그만두겠다고 말하였고 원장님은 나를 설득했다. 하지만 내가 단호하게 그만두겠다고 하자 화를 내며 "그만두려면 그만둬"라고 소리를 질렀고, 나는 "그럼 오늘까지만 할게요"라고 말하고 퇴근 후 짐을 싸서 작은어머니 댁으로 갔다.

그렇게 처음 들어간 미용실에서 3년 반을 일하고, 2005년부터 수지에 있는 미용실에서 일했다. 거기엔 남자 원장님과 나, 또 한 명의 디자이너 김 선생님이 있었다. 김 선생님의 경력은 나랑 비슷했지만 시술 단가는 나보다 높았다. 내가 머리를 못하는 것도 아닌데 경력도 비슷한 김 선생님은 클리닉펌을 많이 시술하고, 나는 기본펌 시술을 많이 했다.

당시 우연히 《설득의 심리학》을 읽게 되었다. 그 후로 내 삶에 조금씩 변화가 찾아왔다. 매달 작은어머니에게 50만 원씩을 빌려주고 있었는데 이 책을 읽고 작은어머니에게 솔직하게 말을 하기 시작했다.

"작은엄마, 나도 힘들어요. 내 소원이 미용실 차리는 건데, 천만 원만 있어도 미용실을 차릴 수 있는데 그 돈이 없어서 미용실을 못 차리네요. 이제부터 돈 빌려드리기 힘들 것 같아요."

그전에는 상대방의 입장을 먼저 생각해서 빌려주었다면 이제는 내 감정을 상대방에게 말하게 된 것이었다. 그리고 한 달 후 작은어머니는 나에게 한 번 더 돈을 빌려달라고 요청했다. 하지만 나는 미안하다고, 힘들 것 같다고 말했다. 예전 같으면 '작은엄마가 얼마나 힘드시면 나한테 이렇게 이야기할까?' 하고 빌려줬겠지만 이제는 나 먼저 챙기고 다른 사람들을 도와줘야겠다는 생각이 들었다. 그 이후 3개월이 지나 작은어머니에게서 전화가 왔다.

"윤화야, 지금 작은아빠 월급 3개월치가 한꺼번에 들어와서 네 돈 먼저 갚을게. 친구한테도 갚을 돈이 있는데 네가 더 급한 것 같아 네 돈 먼저 갚는다."

내 인생에서 처음으로 많은 돈을 갖게 되었다. 작은어머니가 주신 500만 원, 내가 갖고 있던 300만 원, 그리고 대출을 받아 보증금 500만 원에 월세 50만 원 정도의 미용실을 창업할 수 있었다. 소원이 이루어진 것이었다.

성공하려면 그 일에 미쳐야 한다

예전에 업스타일 세미나를 갔을 때 김환 원장님에게 어떻게 해야 성공할 수 있는지 물어본 적이 있다. 그때 원장님은 나에게 "꿈이 있으면 적어서 잘 보이는 벽에 붙여놓으세요"라고 조언해주셨다. 나는 곧바로 '천만 원 모아 미용실 창업하기'라고 적어 방 한쪽에 붙여놓았다. 그리고 1년이 채 지나지 않아 꿈이 이루어졌다.

바로 전에 다니던 미용실에서 한 달에 천만 원 가까이 매출을 냈기 때문에 나는 월매출이 500만 원만 되어도 400만 원 정도는 남을 거라 생각했다. 그런데 미용실을 개업하기만 하면 돈을 많이 벌 것이란 나의 예상은 완전히 빗나갔다. 한 달 매출이 정확히 기억나지는 않지만 나의 한 달 수입은 50만 원 정도였다. 개업 후 바로 임신을 했기에 남편은 미용실을 파는 게 좋겠다고 말했지만 나의 꿈 미용실을 그렇게 쉽게 포기하고 싶지 않았다. 그래서 막달까지 일을 했다. 출산 예정일까지 일을 하고 아이를 낳고서 2개월 후 미용실을 다시 오픈했다. 하지만 여전히 매출은 좋아지지 않았다. 결국 몇 개월 뒤에 미용실을 팔게 되었다.

마침 몇 달만 도와달라는 수지 미용실 원장님의 말에 한동안 그곳에서 일을 하다가 둘째를 임신하고 8개월쯤 되었을 때부터 집에 있었다. 둘째가 태어나고 5개월쯤 지났을 때 "하루 종일 뭐 한 거야?"라는 남편의 말을 듣고 차라리 밖에 나가 일을 하는 게 훨씬 마음 편하겠다는 생각이 들었다.

2012년, 꿈에 그리던 강남의 한 미용실에 취직을 했다. 직원이 열 명 조금 넘었고, 7년 이상 다니는 디자이너가 세 명 있었다. 직원들은 고객들에게 회원권을 판매해야 했다. 그전에 다녔던 미용실에서도 회원권 판매를 한 적이 있었지만 그렇게 많이 판매해본 적은 없었다. 나는 회원권의 단점만 생각하며 '한꺼번에 돈이 나가서 고객에게 부담이 되지 않을까?' 하고 생각했다. 하지만 그 미용실에서 최고의 매출을 올리는 선생님은 회원권의 장점만 생각하고 있었다. 회원권 고객들에게 좀 더 특별한 혜택을 주면 계속 자신을 찾아오기 때문에 결국 회원권은 고객과 헤어디자이너들 모두에게 이득이 된다고 했다. 그 말을 듣고 나도 회원권을 더 많이 판매하기 위해 노력하였고 결국 100만 원짜리 회원권까지 판매하게 되었다.

2013년, 한 달 매출액이 8천만 원 이상이라는 한 헤어숍 원장님의 노하우를 배워보고자 벤치마킹을 하러 갔다. 회원권도 끊고 머리도 하며 헤어디자이너가 아닌 척하고 원장님의 노하우를 배우고 싶었지만 단번에 "미용 일 하시죠?"라고 말씀하시는 게 아닌가. 그래서 "네, 배우고 싶어왔습니다"라고 솔직히 말했다. 원장님은 내가 생각하지도 못한 헤어스타일을 고객들에게 해주며 미용계의 탑 원장님으로서 손색이 없어 보였다.

"어떻게 하면 고객이 많아질까요?"라는 질문에 원장님께서는 "고객은 미용실에 머리를 하러 오는 거지요. 그러니 계속 연구해야 합니다"라고 말씀하셨다. 헤어 잡지나 스티브 잡스의 영화도 추천해주셨다. 영화를 보며 '성공하기 위해서는 미용에 완전히 미쳐야 하는구나' 하고 깨닫고, 어느 정도의 희생이 뒤따를 수밖에 없겠다는 생각이 들었다. 하지만 두 아이의 엄마이기 때문에 성공을 늦출 수밖에 없다는 생각도 했다.

상대의 마음을 읽는 것이 최우선이다

첫째가 여섯 살, 둘째가 네 살 때 성남에서 두 번째 미용실을 오픈하게 되었다. 조금씩 고객이 늘어나자 직원을 구했고, 티몬과 위메프에 할인권을 올렸다. 처음에는 매출이 오르는 듯했다. 하지만 할인권 행사가 끝나면서 티몬과 위메프의 고객은 떠나가고 원래 고객마저 떠나버리고 말았다. 티몬에 할인권을 올리는 순간 저가 미용실 이미지가 생겨서 그런지 그동안 매출을 올려주던 VIP 고객들마저 떠나간 것이었다.

성공을 위해 또 다른 기술을 배우기로 했다. 주 5일 일하며 계속 기술 교육을 받았다. 하지만 매출이 오르지 않는 것은 기술 부족 때문이 아니라는 생각이 들었다. 기술이 부족한 탓이라면 초급 디자이너들은 매출을 못 올려야 하는데 초급 디자이너들 중에도 매출이 높은 사람이 많았기 때문이다. '매출을 올리기 위해 다른 것을 배워야겠다'는 생각이 들었다. 그 후로 여러 책을 읽고 강의를 듣게 되었다. 그러다 세일즈 교육을 받게 되었고, 꿈이 '열펌 강사'에서 '헤어디자이너들의 멘토'로 바뀌었다. 세일즈를 통해 헤어디자이너들에게 좀 더 여유로운 삶의 길을 알려줄 수 있겠다는 생각에 헤어디자이너들에게 꼭 필요한 교육을 만들게 되었다. 기술은 기본이고, 고객의 마음까지 사로잡는다면 고객이 늘어나 결국 최고의 매출을 올릴 수 있다.

한창 교육을 다닐 때의 일이다. 일주일에 두세 번 형님에게 아이들을 맡기고 저녁 늦게 교육을 들으러 갔다. 시어머니와 형님은 함께 살고 있었고 10시가 넘으면 딸 둘은 할머니와 잠을 잤다. 그런데 둘째가 꼭 잠을 안 자고 나를 기다렸다. 저녁 7시부터 11시 반까지 스터디룸에서 김밥으로 끼니를 때우며 공부를 하고 서둘러 집에 들어가면 11시 40분쯤 되었다. 한두 달도 아니고 1년이 넘도록 그런 생활이 이어지자 시어머니는 "또 교육 들으러 가니?"라고 자주 물으셨고 나는 "네"라고 퉁명스럽게 말했다.

그러던 어느 날 내가 상대방을 잘 배려하면서 말하지 못했다는 것을 깨달았다. 그래서 어떤 식으로 말을 해야 시어머니가 좋아하실지 생각해보았다. 그 당시 시어머니가 아이들을 많이 돌봐주셨기 때문에 '돈을 많이 벌면 맨 처음으로 어머님께 해외여행을 보내드려야지' 하고 생각하고 있었다. 그리고 며칠이 지나 시어머님이 "또 가니?"라고 물으셨고 나는 바로 "어머님, 저 이제 교육 다섯 번밖에 남지 않았어요. 교육 끝나면 돈 많이 벌어서 어머님 해외여행 시켜드릴 거니까 조금만 기다려 주세요"라고 말했다. 그러자 어머니는 좋아하시며 옆에 앉아 있던 고객에게 "증인이에요"라고 말씀하셨다. 그 이후로 어머니는 더 이상 "또 교육 가니?"라고 묻지 않으셨다. 그때 '상대방의 마음을 읽고 기분 좋아할 만한 말을 하면 상대방이 나를 좋아하겠구나' 하고 깨닫게 되었다.

고객이 찾는 진짜 이유, 고객의 꿈을 지지하라

사람들이 지갑을 여는 이유는 크게 두 가지 때문이다. 행복을 느끼기 위해, 그리고 문제 해결을 위해. 헤어디자이너로서 필자가 할 수 있는 일은 고객에게 아름다움을 선물하는 것으로 고객의 행복지수를 높이며, 고민을 해결해줌으로써 고객에게 만족감을 주는 것이다.

당신은 고객의 만족을 위해 최선을 다하고 있는가? 또 고객의 불만과 니즈를 파악하기 위해 노력하고 있는가? 고객이 가장 고민하고 있는 부분을 해결해준다면 고객은 또다시 나를 찾을 것이다. 고객을 늘리며 매출을 올리기 위해 자기 자신에게 다음의 일곱 가지 질문을 해보자.

- 나의 장점은 무엇인가?
- 나의 장점으로 어떤 차별성을 만들 수 있을까?
- 나의 타깃은 누구인가?
- 타깃에게 어떻게 나의 차별성을 노출시킬 수 있을까?
- 어떻게 하면 일하는 시간이 행복할 수 있을까?

- 어떻게 하면 일하는 시간을 줄일 수 있을까?
- 어떻게 해야 고객이 나를 찾을 것인가?

잘 생각해보고 전략을 짜서 실천해보도록 하자. 누구에게나 좋은 일도 있고, 나쁜 일도 있다. 그런데 좋은 일을 많이 생각하는 사람은 행복한 인생을 살고, 나쁜 일을 많이 생각하는 사람은 불행한 인생을 살게 된다. 당신이 지금 불행하다면 그것은 당신이 세상을 부정적으로 바라보고 불평, 불만을 갖기 때문이다. 자신은 굉장히 주관적이고 합리적인 사람이라고 생각할 수 있지만 불평, 불만, 지적을 많이 하는 사람은 자신의 인생을 불행하게 만든다. 부정적인 생각이 들 때에는 "괜찮아, 잘 될 거야"라고 말해보자. 우리의 뇌는 우리가 말하는 것을 진실이라고 믿기 때문이다.

'2030년 1월 1일, 나는 오늘 100평짜리 아파트로 이사를 왔다. 그리고 언니 가족과 동생 가족, 시어머니와 같이 집들이를 했다. 내가 노래를 부르고 우리 신랑은 춤을 추었다. 오늘은 정말 즐거운 하루였다.'

이런 식으로 현재 일어나는 일같이 생각하고 글을 써야 그 일이 이루어진다고 한다. 그래서 필자는 늘 '나는 최고다. 나는 최고의 헤어디자이너다'라고 생각한다.

사람들에게는 모두 각자의 꿈이 있다. 그리고 사람들은 자신의 꿈을 지지해주는 사람을 좋아한다. 나의 어릴 적 꿈은 수영장 있는 집을 사서 부모님께 선물해드리는 것이었다. 세월이 흘러 아버지가 돌아가시고 그다음 꿈은 100억을 모아 수영장 있는 미용실을 오픈 하는 것이다. 그만큼 파워 있는 미용실을 창업하여 직원들에게 최고의 연봉을 주는 것이 꿈이다. 물론 뜬구름 잡는 소리라고 생각할 수도 있다. 하지만 성공한 사람들도 처음엔 주변에서 뜬구름 잡는 소리를 한다며 믿지 않았을 것이다.

만약 당신의 꿈을 지지해주고 믿어주는 사람이 한 명이라도 있다면 당신은 그 사람을 어떻게 생각할 것인가? 아마 엄청 좋아하게 될 것이다. 그렇기 때문에 고객이 자신의 꿈을 말해주었을 때 많은 지지를 보내야 한다. 만약 꿈이 의사라고 하면 "분명히 의사가 될 수 있을 거예요. 이미 얼굴이 의사 얼굴인데요"라고 말해주자. 그러면 상대도 꿈을 향해 더 열심히 노력할 것이고 나를 말이 잘 통하는 사람, 만나고 싶은 사람으로 인식할 것이다.

상위 10% 안에 드는 헤어디자이너 되기

상위 10% 안에 드는 헤어디자이너가 되기 위해서는 어떻게 해야 할까? 헤어디자이너들뿐만 아니라 모든 영업인들에게 적용되는 사항이다.

첫째, 고객의 니즈를 파악하고 불편사항을 해결해주어라. 많은 미용인들이 고객과 상담하는 것에 어려움을 겪고 있다. 우선 상담을 할 때 질문을 잘해서 고객의 니즈와 불편사항을 말할 수 있도록 해야 한다. 그리고 앞으로 어떻게 해야 고객의 마음을 사로잡을지 공부하고 연구해보도록 하자.

둘째, 퍼스널 브랜딩을 하라. 헤어디자이너들은 퍼스널 브랜딩으로 고객에게 자신을 전문가로 인식시켜야 한다. 가령 텔레비전을 사러 간다고 가정해보자. 당신은 한 번도 본 적 없는 브랜드의 텔레비전을 살 것인가, 아니면 삼성이나 LG 텔레비전을 살 것인가? 처음 보는 브랜드의 가격이 아무리 저렴하고 제품이 좋다고 하더라도 삼성이나 LG 텔레비전을 살 것이다. 그 이유는 무엇인가? 바로 삼성과 LG 제품이 더 좋을 거라고 믿기 때문이다. 고객에게 차별성 있는 전문가로 브랜딩이 된다면 당신도 머지않아 최고의 헤어디자이너, 최고의 영업인이 될 수 있을 것이다.

셋째, 자신의 가치를 높여라. 세상에 공짜는 없다. '1+1=2'라는 공식을 배우지 않았다면 '2+2=4'를 알려준다 해도 이해할 수 없다. 당연히 곱하기를 알려주어도, 나누기를 알려주어도 시간만 낭비될 뿐 무슨 말인지 알아듣지 못한다. 여기서 내가 고객에게 100만 원짜리 회원권을 판매했던 노하우를 알려준다고 해서 모든 헤어디자이너가 100만 원짜리 회원권을 판매할 수 있는 것은 아니다. 회원권을 판매하기 위해서는 기본적으로 고객의 마음을 울리는 기술이 있어야 한다. 고객이 나에게 꼭 헤어 시술을 받고 싶도록 만드는 고객의 마음을 훔치는 기술이 있어야 한다. 헤어디자이너로서 기술은 기본이다. 하지만 경력이 짧은 디자이너들이 매출을 쭉쭉 올리는 것을 보며 매출을 올리기 위해서는 기술보다 더 중요한 것이 있다는 것을 알게 되었다.

보통 10년 넘게 일한 헤어디자이너들에게 '일류 디자이너'라고 칭한다. 하루 11시간 근무에 주말도 없이 오랫동안 기술을 배우며 열심히 살아왔는데 훨씬 경력이 짧은 디자이너들이 더 많은 연봉을 받는다면 억울할 것이다. 만약 고객에게 제품을 판매하거나 회원권을 판매할 때 고객이 거절한다면 그 진짜 이유를 파악하라. 짐작만으로 판단하기보다는 고객의 생각을 물어보고 고객이 거절하는 진짜 이유를 파악하자. 그렇게 고객과 소통하며 순수한 관심을 보이자. 고객에게 진짜 필요하고 이득이 된다면 자세히 설명해주는 것이 도움을 주는 것이다. 고객의 입장에서 고객에게 이익이 되는 것을 생각하며 상담에 임해야 한다.

아직도 많은 헤어디자이너들이 10년 이상 미용 일만 하며 기술을 익혀왔음에도 불구하고 계속 기술만 배우려고 노력한다. 아직도 많은 헤어디자이너들이 기술이 최고라 생각하기 때문이다. 다른 헤어디자이너들이 알아차리기 전에 당신이 먼저 알아차리길 바란다. 만약 기술은 좋은데 고객이 가치를 알아주지 않는다면 그건 당신이 고객에게 가치가 없기 때문이다. 당신의 기술이 부족해서가 아니라 고객과 상담을 어떻게 하는지 모르기 때문이다.

필자는 이런 생각을 하고 꿈이 명확해졌다. 만약 내가 10분 후에 죽는다면 무엇을 할 것인가? 한 달 후에 죽는다면 무엇을 할 것인가? 6개월의 시간이 있다면 어떻게 해야 할까? 나는 10분의 시간이 있다면 가족들과 함께 울기만 할 것 같다. 한 달의 시간이 있다면 내가 사랑하는 두 딸에게 나의 지혜를 담은 소책자를 쓰고 싶다. 그리고 마지막으로 6개월이 남는다고 생각하니 나의 미용 기술과 지금까지 배웠던 모든 지식을 우리 미용 후배들에게 알려주고 그들에게 조금이나마 도움이 되고 싶었다. 그래서 나의 인생템은 미용 최고의 성공 멘토가 되는 것이 꿈이다. 앞으로 미용인들이 더 여유롭고 행복해질 수 있도록 더욱더 공부해 노하우를 가르쳐주고 싶다.

PART 5

속도보다 중요한 건 방향, 크게 성장하려면 멀리 내다봐라

나수미

천직을 찾아 꿈을 향해 노력 중인 의류 매장 대표

4남매 중 넷째로 태어나 바쁜 농사일로 제대로 신경 써줄 겨를 없으신 부모님 밑에서 철부지 막내로 자랐다. 늘 성적이 우수했던 형제들에 비해 열등생이었던 필자는 중학교 때부터 앞으로 무얼 하면 좋을지 많이도 고민했다. 그러다 고등학교 졸업 후 4년제 유아교육과에 입학을 했다.

대학을 졸업하고 나서는 사립 어린이집에서 일하게 되었다. 그런데 이른 아침부터 저녁 늦게까지 일을 하다 보니 유치원 교사로서 자부심을 느끼기보다는 너무 힘들다는 생각만 들었다.

이대로는 도저히 안 될 것 같았다. 결국 그만두고 공립 교사가 되기 위해 임용고사를 준비했다. 공부 또한 쉬운 것이 아니었다. 끝도 없이 밀려드는 잡생각에 하루 종일 앉아 있어도 집중하는 시간은 한두 시간도 안 되었다.

'과연 선생님이 나의 길인가?'

확신은 없었지만 유치원 임용이 너무나 적게 뽑는 데 비해 몰려드는 경쟁자가 굉장히 많기에 불안한 마음에 초등 임용고사까지 공부하게 되었다.

몇 차례의 낙방 후 이대로 포기하기에는 자존심도 상하고 그동안 쏟아부은 시간도 아까워서 포기하지 못하고 있을 때 큰언니에게서 전화가 왔다.

"너를 지켜봤는데 공부는 너의 적성이 아닌 것 같아. 네가 정말로 좋아하고 잘하는 일을 찾아서 했으면 좋겠다."

전화를 끊고 나서 한동안 망치로 머리를 한 대 얻어맞은 것 같았다. 더 열심히 잘하라고 격려해줄 줄 알았는데 냉정하게 말하는 언니에게 서운했다. 그러면서도 나 자신에 대한 실망감에 머릿속이 터질 것만 같았다. 하지만 냉정하게 생각하기로 마음먹었다. 더 이상 안 되는 것에 매달리지 말고 내가 좋아하고 잘하는 것이 무엇인지 찾아보기로 했다.

유아교육과에 다닐 때 피아노는 기본으로 쳐야 했기에 피아노를 사기 위해 옷가게에서 아르바이트를 한 적이 있었다. 힘들었지만 나름 즐거웠던 기억이 떠올랐다. 식당이나 커피숍에서 일하는 것은 왠지 못 먹는 음식을 입에 마구 쑤셔 넣는 것 같았지만, 상설매장에서 가방이나 신발을 팔 때에는 희열도 느껴지고 내가 권한 옷을 팔았을 때의 뿌듯함과 즐거움도 있었다. 한편으로는 이런 걸 하려고 그동안 그렇게 공부를 했나 싶기도 했다. 공부에 쏟았던 노력과 시간을 뒤로하고 다른 길을 가기가 망설여졌다.

늘 가던 길, 늘 하던 생각에서 벗어나라

결혼 후 부모님의 도움 없이 남편과 어렵사리 신혼살림을 꾸렸다. 남편이 대기업에 다니고 있기는 했지만 원체 부족한 살림을 메우기에는 턱없이 부족했다. 그러던 차에 남편 회사에서 대학원을 포항 쪽으로 보내주어서 그 근처로 이사를 가게 되었다. 회사에서 집이랑 등록금은 대주었지만 월급의 반밖에 나오지 않아서 살기가 더 힘들었고, 큰아이가 돌 때까지 브랜드 옷이나 책 등을 제대로 사주지도 못해 마음이 아팠다.

늘 일을 하고 싶다고 생각만 하다가 우연한 기회에 인터넷으로 액세서리를 팔게 되었다. 쉽게 장사를 시작할 수 있는 것이 액세서리라는 생각이 들었다.

여기저기 알아본 후 도매로 액세서리를 가져와서 아파트 앞이나 마트 앞 그리고 장날 시장에 가서 팔기도 했다. 손님이 많을 때에는 신바람이 나서 팔고 손님이 별로 없으면 우울했지만 그래도 즐거웠다. 많이 팔면 하루에 50만 원도 벌었다. 장사가 내 체질인가 싶을 정도였다. 좀 더 그럴싸한 일을 해보고 싶었지만 아이도 어리고 현실적으로 다른 일을 하는 것은 불가능했다.

그러던 어느 날 구미로 이사를 가기 위해 집을 알아보다가 잠시 들른 보넬하우스에서 집사기 계약금 100만 원을 걸고 아파트를 사게 되었다. 상담 실장은 아파트가 완공된 후 프리미엄이 붙으면 그 돈만 받고 팔면 된다고 설득했다. 프리미엄이 붙으면 몇 백 정도는 쉽게 벌 수 있고, 못 팔면 자신이 팔아준다는 말에 그만 넘어가 몇 억짜리 아파트를 계약했다.

집에 돌아와서 곰곰이 생각해보니 실수를 한 것 같아 100만 원을 돌려달라고 부탁했지만 금방 나갈 거라고, 그리고 계약금은 돌려주기 힘들다고 했다. 하는 수 없이 그냥 시간을 두고 지켜보기로 했다.

2년이 지나 구미 집값이 많이 떨어지는 시기에 아파트 완공 날짜가 다가오고 말았다. 남편과 당시 상담했던 실장을 찾아가 따졌다. 그런데 자기가 가지고 있던 대여섯 채는 다 팔았다는 이야기에 나는 그만 화를 주체하지 못하고 그 실장의 뺨을 때리고 말았다. 아무리 허위광고를 했다 하더라도 최종 결정은 내가 했다는 사실, 그리고 누군가에게 상해를 끼친 게 법적으로 문제가 된다는 것을 모르고 역고소를 당할 위기에 처하게 되었다. 다시 찾아가 무릎 꿇고 사과를 했지만 눈물이 앞을 가렸다.

아파트를 살 돈도 없고 고소를 당하면 합의금까지 내야 하는 현실 앞에 다짐했다. '그래, 내가 복수하는 길은 부자가 되는 것뿐이야'라고 말이다.

'이 아파트쯤이야 사면 되지.'

그런 마음으로 울면서 집으로 돌아왔다. 하지만 무엇을 어떻게 해야 할지 아무것도 몰랐기에 막막하기만 했다. 그저 남편 월급으로 답답하지만 알뜰하게 사는 수밖에 없었다. 그때 생각지도 못했던 둘째가 생기고 말았다. 하지만 무언가 하고 싶다는 욕망은 현실과 다르게 커져만 갔다.

당시 잠투정이 심한 큰아이를 업고 밤마다 동네를 한 바퀴 돌았는데 그때마다 아동복 가게 앞에 붙여 있는 '가게 내놓음'이란 문구가 눈에 들어왔다.

'혹시 둘째를 낳고도 저 가게가 그대로 있으면 내가 운영해야겠다.'

이렇게 생각했다. 둘째를 출산하고 친정에 가서 한 달간 몸조리를 하고 돌아왔는데 그 가게 앞에 여전히 '가게 내놓음'이라는 문구가 붙어 있었다. 가슴이 두근거리기 시작했다. '아이들이 어린데 어떻게 하지?', '가게에 돈이 많이 들어가면 어떻게 하지?' 하는 걱정은 있었지만 일단 붙어 있는 전화번호로 전화를 걸었다. 환하고 밝은 목소리의 주인은 한 번 와보라고 했다.

주인은 자신도 지금 어린 아이들을 키우면서 보험 일을 하지만 아이들이 크는 데에는 전혀 문제가 안 된다면서 요즘은 어린이집이 워낙 잘되어 있고, 아이들이 어릴 때부터 엄마가 돈을 벌어야 이다음에 정말로 도움이 된다는 이야기를 시원스럽게 했다. 어쩌면 내가 듣고 싶은 이야기만 해준 셈이었다. 하지만 부모님들은 난리가 났다. 아이들이 큰 다음에 시작해도 늦지 않는데 굳이 어린애들을 두고 장사를 하느냐는 것이었다. 그럼에도 불구하고 정말 하고 싶었기 어떤 소리도 귀에 들어오지 않았다.

남편은 내가 너무나 원하고 가정경제에도 보탬이 된다고 하니 하고 싶은 내로 하라고 했다. 그렇게 해서 300만 원의 권리금을 주고 가게를 시작하게 되었다. 일을 쉬다가 갑자기 하려니 설레기도 하고 두렵기도 했다.

장사를 해서 돈을 버는 일은 결코 쉽지 않았다. 특히 아동복은 크기별로 가져와야 해서 가짓수에 비해 돈도 많이 들어가고 나가는 사이즈만 나가고, 손님들은 없는 옷만 찾기 일쑤였다. 큰아이가 아직 어린데 종일반에 맡겨서 늘 마음이 쓰였고, 갓 백일 된 딸을 가게에 눕혀놓고 장사하는 것도 힘들었다. 청소할 때에는 업고 있어야 했고, 울면 안고서 손님을 상대해야 하는 것이 체력적으로나 정신적으로 스트레스였다. 그러다 다행히 좋은 지인분이 딸아이를 봐주기로 해서 장사에 집중하게 되었다.

새로운 도전으로 더 강하고 당당해지다

장사는 대학교 다닐 때 옷가게나 상설매장에서 아르바이트를 했던 것이 전부여서 어떻게 해야 할지 막막했다. 어떻게 디스플레이를 해야 할지, 어떻게 물건을 살까 말까 망설이는 손님에게 다가가 설득하고 설명해야 할지도 알 수 없고 모든 게 어려웠다.

다행히 전 주인이 당분간 물건을 사입하는 것과 파는 것을 도와주겠다고 했다. 너무나 고마웠다. 한데 나는 그다지 사교적이지 않았기에 적극적이고 활달한 전 주인의 판매방식을 따라가기가 버거웠다. 처음 보는 손님도 원래 알고 지낸 사이처럼 대하고, 아동복을 사러 온 아이의 아빠에게도 '삼촌'이라고 부르며 편하게 다가가는 것이 나로서는 어색하기 그지없었다.

아동복만으로는 도저히 안 될 것 같아서 성인 여성복을 조금씩 가져오기 시작했는데 역시나 내 스타일이 아니라 전 주인 스타일의 옷을 고르고 돈만 결제하게 되었다. 여성스러운 옷을 좋아하는 내 취향과 다르게 독특한 스타일의 옷만 가져오게 되었는데 기존의 단골들이 있어서인지 그런 옷들이 잘 팔렸다. 하루 10만 원도 팔기 힘들다가 새 물건이 오는 날에는 50만 원 이상 팔리기 시작했다. 뛸 듯이 기뻤지만 그래도 남는 돈은 거의 없었다.

점차 보세 아동복을 정리하고 성인 숙녀복으로 전환을 했다. 성인 옷은 도매업체에서 한두 장만도 팔았기 때문에 같은 돈으로 더 많은 물건을 가져올 수 있어 아동복보다 회전율이 훨씬 빨랐다. 그래서인지 새 물건을 사러 갈 때쯤에는 조금씩 수입이 생겼다.

처음 물건을 사러 갈 당시에는 동대문과 남대문을 오가며 정신없이 다니다 내가 왜 이렇게 고생스러운 일을 해야 하나 싶어서 엉엉 울다가 마음이 진정되면 다시 돌아다니곤 했다. 그럴 때마다 아이들을 잘 돌보지 못하는 것에 대한 미안함과 강하게 버텨야 한다는 오기가 나를 붙잡았다.

그러다 하루하루 매출이 조금씩 늘어가고 단골들도 꾸준히 생기면서 이 일을 더 잘해야겠다는 생각을 하게 되었다. 좀 더 예쁜 옷도 사입하고 디스플레이에도 더 신경을 쓰게 되었다. 역시 최고의 동기부여는 수입이 늘어나는 것이었다.

시장조사를 위해 잘나가는 가게 앞에 차를 대놓고 멀리서 어떤 옷이 있는지 살펴보기도 하고, 다른 지역의 로드숍을 다니면서 디스플레이며 직원 응대며 가게 분위기나 옷들을 살펴보기도 했다. 그때 부족한 나를 돌아보면서 실망스럽기도 하고 어떻게 해야 하나 막연하기도 했다.

그래도 꾸준히 와주는 단골이 있어 힘이 났다. 매장이 도로가에 있었기 때문에 디스플레이만 신경 써도 들어오는 사람이 늘었고, 옆집 식당에서 새벽 장사를 하기 때문에 아침 9시에 문을 열어도 들어오는 사람이 있었다. 또 근처 하나로마트에서 셔틀버스를 운행해서 일찍 볼일을 보러 오는 사람들도 있어서 아침 일찍부터 문을 열었다.

혼자서 아침 일찍 문을 열기가 힘들고 아이들도 어린이집과 학교에 보내야 해서 전 주인을 도와주었던 언니에게 도움을 청했다. 언니는 남편이 사업을 하고 있어서 형편이 어렵지 않았지만 알뜰하고 검소했다. 월급을 많이 줄 수 없었기에 사정을 이야기하고 오후 2시까지만 가게 일을 도와주기로 했다. 덕분에 아침 일찍부터 밤늦게까지 가게에 있지 않게 되어서 몸도 덜 힘들고 마음도 편해졌다.

한번은 사입 버스를 타고 물건을 사러 가는 길에 장사를 오래 하신 분이 손님들에게 문자를 보내는 것을 곁눈으로 보게 되었다. 그 후 나도 기존의 고객들이나 새로운 고객들의 명단을 휴대전화에 입력하고 새 물건을 사러 가는 날마다 문자를 돌리기 시작했다. 문자를 보고 궁금해서 찾아오는 손님들이 꽤 되었다. 단골이 늘어나기 시작하자 아동복점도 해보고 싶은 욕심이 생겼다.

동네에 아이들은 많은데 아동복 파는 곳이 없는 것이 아쉬워 브랜드 아동복을 판매하기로 했다. 브랜드 아동복이라면 재고도 신경 쓰이지 않고, 다양한 사람들이 올 것 같다는 생각이 들었다. 하지만 브랜드 대리점을 차릴 경제적 여유가 없었다. 결국 남편과 상의 끝에 대출을 받고 여성복점 옆에 아동복점을 차리기로 했다. 나로서는 굉장히 큰 모험이었다.

브랜드 아동복은 굉장히 고급스럽고 화사했다. 그런데 오픈 날, 매장의 창고가 너무 좁아서 손님들이 원하는 사이즈의 옷을 바로바로 찾기가 힘들었다. 많은 사람들이 왔지만 오픈 준비를 제대로 하지 않은 탓에 사이즈를 못 찾아 그냥 돌아간 손님들도 많고, 계산대에서 줄을 서서 기다리다가 시간이 지체돼 그냥 돌아간 손님들도 있었다. 손님들이 다 돌아간 뒤 정신없는 마음을 추스르자 좀 더 준비해서 손님들을 맞을 걸 하는 후회가 밀려오기 시작했다. 하지만 물은 이미 엎질러진 상황, 앞으로 오는 손님들에게 더 잘하고 옷을 빨리 찾을 수 있도록 정리하기 위해 애썼다.

브랜드 아동복과 보세 옷은 물건이 입고되는 과정이 완전 달랐다. 아동복은 신상이 몇 번 재입고 되고 나면 더 이상 입고가 되지 않았고, 전국의 매장들과 사이즈를 교환해가면서 물건을 팔아야 했다. 그리고 행사 상품들이 오면 매장 앞에 진열해서 팔아야 했다. 반품을 본사에 보낼 때에는 아이템별로, 품목별로 박스에 넣어야 하고 재고 수가 하나라도 맞지 않으면 본사에 환불을 해주어야 하기 때문에 반품을 보내는 날은 신경이 곤두설 수밖에 없었다.

아동복은 월 매출 목표를 달성하면 본사에서 인센티브를 주는 제도가 있었다. 얼마 안 되는 금액이지만 목표를 달성하는 기쁨을 맛보기 위해 다양한 이벤트도 실시했다. 한편 여성복은 매주 신상을 업데이트하고 단골 고객이 원하는 옷을 맞춤 코디해줌으로써 고객을 끌어들이기 위해 노력했다.

아동복점을 오픈하고 몇 달이 채 지나지 않았을 때 남편이 갑자기 평택으로 전근을 가야 한다고 했다. 가게며 아이들이며 혼자서 돌보기가 버거웠지만 빚을 내서 시작한 지 얼마 안 되었기에 접고 따라가면 손해가 너무나 컸다. 그래서 따라가지 않기로 결심했다. 여기서 그만두면 그동안 했던 것이 헛수고가 될 게 뻔했다. 무엇보다도 나 자신이 당당해지고 싶어서 힘들어도 이겨내기로 마음먹었다.

또다시 새로운 진로를 모색하다

매장을 운영한 후 3년째부터 비로소 돈이 모이기 시작했다. 양쪽 매장에서 하루 매출이 450만 원 넘게 나오기도 하고, 한쪽에서 잘 안 되면 다른 쪽에서 매출이 나와 힘들어도 신바람 나게 일할 수 있었다. 그리고 4년째에 접어들면서부터는 월 1,000만 원 이상씩 적금도 넣을 수 있게 되었다.

오전 9시부터 저녁 9시나 10시까지, 일요일에도 쉬지 않고 문을 열었다. 하루 종일 손님들과 전쟁을 치르고 집에 들어가는 길에는 만감이 교차했다. 그리고 허탈감도 따랐다. 돈은 전보다 많이 벌어서 좋았지만 정신적으로나 육체적으로 힘이 들었다. 그나마 빚을 갚고 통장의 잔고가 채워지는 기쁨으로 위로했다.

가게가 도로가에 있다 보니 가게 앞에 차를 세워놓고 들어오는 사람들이 많았다. 건물 뒤편에 주차장이 있었지만 일부러 돌아가서 주차하기를 꺼려했다. 그런데 차량 이용자들이 불편사항을 신고했는지 어느 순간 단속 카메라가 설치되었다. 이 때문에 잠깐 차를 대고 매장에 오는 손님들이 카메라에 찍혀 벌금을 무는 경우가 늘어나게 되었다. 나에게는 큰 난관이었다. 카메라에 찍힌 단골들에게 옷값을 깎아주거나 벌금을 보상해주기도 했지만 손님들이 눈에 띄게 줄어들었다. 전보다 더 열심히 노력했지만 어쩔 수 없었다.

점차 장사를 하고 싶은 의욕이 사라지기 시작했다. 아이들이 어릴 때부터 6년간 열심히 달려왔는데 이제 쉬고 싶은 마음이 굴뚝같았다. 그런데 가게에서 아르바이트로 일하는 언니에게 사정을 이야기하자 인수 의사를 밝혔다.

그동안 쉼 없이 달려온 나는 시원함과 섭섭함이 교차하며 다시는 옷가게를 하지 않으리라 마음먹었다. 덕분에 빚도 갚고 돈도 모으게 되었지만 몸도, 맘도 너무나 지쳐 있었다.

당시 구미 쪽은 물론 전국에서 부동산 경기가 호황을 이루고 있었다. 주변의 지인들에게서도 땅을 샀는데 얼마가 올랐다, 아파트를 샀는데 얼마가 올랐다는 식의 이야기를 수없이 듣게 되었다. 부동산으로 수익을 내는 사람들을 보면 부럽기만 하고 그동안의 나의 고생이 미련하게 느껴지기까지 했다. 그렇다고 당장 부동산을 매입하거나 아파트를 살 상황은 아니어서 부동산 쪽 공부를 해보기로 마음먹었다.

일단 공인중개사 자격증을 따기 위해 학원에 등록했다. 시험이 11월인데 7월에 등록을 했다. 공인중개사 시험이 어렵다는 이야기는 들었지만 오랜만에 공부한다는 설렘에 왠지 잘할 수 있을 것만 같았다. 공인중개사 시험은 1차와 2차를 모두 합격해야만 자격증을 받을 수 있는데 학원에서는 올해에 1차만 합격한다는 마음가짐으로 공부하라고 했다. 또 혹시나 열심히 하면 얼마 안 남았지만 1, 2차 모두 합격할 수 있다는 기대감도 주었다. 하지만 도무지 공부가 손에 잡히지 않았다. 막바지에 집중해서 공부를 하고 수능 시험을 볼 때처럼 추운 날씨 속에서 시험을 봤다.

시험 결과는 불합격이었다. 다시 공부를 할까도 했지만 엄두가 나지 않았다. 돈을 많이 벌 것 같은 생각에 시작했던 공부가 적성에도 맞지 않고 왜 해야 하는지에 대한 동기부여도 되지 못했다. 시험도 떨어지고 그냥 집에서 놀기 시작했다.

아이들과도 더 많은 시간을 갖고, 그동안 못 만났던 사람들도 만나니 몸도, 맘도 편했다. 이렇게 평생 놀았으면 좋겠다는 생각이 들었다. 하지만 노는 시간이 길어지자 슬슬 다시 옷가게에 대한 미련이 발동하기 시작했다. 만약 옷가게를 다시 하게 되면 이제 숙녀복만 간단하게 해야겠다고 생각했다.

가게를 직원에게 팔았기 때문에 같은 동네에서 장사하기가 뭣해서 옆 동네에 나와 있는 가게들을 돌아보았다. 도로 쪽 가게들은 권리금이 비쌌다. 그렇다고 너무 안쪽 매장은 장사가 잘되지 않기 때문에 선뜻 계약할 수 없었다. 그러던 차에 도로가에서 살짝 들어가지만 메인 도로에서 벗어나지 않고, 인테리어는 다시 해야 하지만 권리금이 다른 곳보다 저렴한 곳을 발견해 계약을 했다.

처음에는 쉬엄쉬엄 일해야겠다고 생각했는데 막상 시작하고 보니 온 힘을 다해도 늘 모자란 마음이었다. 돈을 버는 목적을 떠나서 매주 오는 고객들에게 고마운 마음이 점점 커져갔다. 늘 '어떻게 하면 고객들을 기쁘게 할 수 있을까?'를 고민했다. 이런 마음으로 장사를 해서인지 권리금과 인테리어 비용을 6개월도 안 돼서 회수했다. 하지만 언제부턴가 스타일에 큰 변화가 없었다. 늘 나는 제자리에 있는 것만 같았다. 그럼에도 단골의 위력은 컸다. 자주 찾아와 예쁜 옷을 알아서 골라가고, 또 필요한 스타일을 주문하기도 했다.

처음에 고객층은 젊은 층부터 중년층까지로 생각했지만 주요 연령층은 40~50대였다. 40~50대는 직접 고르고 입어 봐야 하는 세대라서 상대하기도 편하고, 여자로서 20대 못지않게 꾸미고 싶어 하는 나이이기도 하다. 나는 중년층을 좀 더 젊게 코디하는 것이 목표다. 나의 일에 더욱더 전문성을 가지고 사람들에게 인정받는 그런 사람으로 거듭나고 싶다.

성장에 대한 끌림으로 만나게 된 은인

'어떻게 하면 고객들이 더 많이 찾아오게 할 수 있을까?'

'어떻게 하면 상인이 아닌 사업가로서의 면모를 갖출 수 있을까?'

이런 고민을 하다가 찾아간 곳이 한국영업인협회다. 한국영업인협회에서는 기존에 생각하던 것과는 전혀 다른 영업 방식을 알려주었다. 같이 수업을 받는 다양한 직업의 사람들 월수입이 얼마 지나지 않아 천 단위부터 억 단위까지 늘어나는 일이 벌어졌다. 다양한 마케팅 방식과 생각의 전환, 열정 그리고 고객과의 대화법 등 모든 면에서 차원이 달랐다.

그곳에서도 나는 열등생에 속했다. 남들은 성인 걸음으로 달려가고 성큼성큼 걸어가는데 나는 아기 걸음으로 따라가기도 버거웠다. 남들보다 느리지만 내 꿈을 포기하고 싶지는 않다. 조금 쉬어가더라도, 천천히 가더라도 포기하지만 않으면 언젠가는 꿈을 이룰 수 있을 거라고 생각한다.

앞으로 보세 숙녀복 관련 창업 컨설팅을 필자의 인생템으로 만들고자 한다. 장사 초기에 전 주인의 지원이 나에게 큰 도움이 되었듯이, 장사를 처음 시작할 때 필요한 물건부터 손님들을 상대하는 노하우까지 나름대로 전문화시켜 알려주고 싶다. 그리고 기회가 되면 체인점도 내고 싶은 것이 꿈이다. 그러기 위해서는 기존의 사고방식을 완전히 버려야 할 것 같다. 앞으로는 내가 잘할 수 있고 만족시킬 대상을 좁혀 10%가 아니라 100%의 만족을 이끌어낼 계획이다.

나는 우선 옷과 관련된 전 분야의 책을 100권 정도 추려서 목차 부분을 편집했다. 그중 관심이 더 가는 분야나 더 공부해야 하는 책은 찾아 읽으며 공부할 계획이다. 그리고 내년 초에는 옷가게 창업자들을 위해 강의도 할 예정이다. 창업자들이 한 명, 두 명 늘어나면 물건을 사입하는 요령을 가르쳐서 창업을 꿈꾸는 사람들을 도와주고, 창업에 자신 없어 하는 사람들에게는 도매로 옷을 납품해줄 계획이다.

한국영업인협회에서는 누구나 10대 목표를 정하도록 한다. 목표의 첫 글자를 따서 잊어버리지 않게 늘 외우고, 자신의 목표를 향해 달려가는 것이 수업 과정의 일부다. 나의 10대 목표는 강의, 세미나, 책 쓰기, 쇼핑몰, 체인점, 해외 바잉, 자체 제작, 패션쇼, 기고문, 유튜브다. 첫 글자만 따면 '강, 세, 책, 쇼, 체, 해, 자, 패, 기, 유'다. 아직 다 이루지는 못했지만 선배들이 하는 모델사관학교에서 우리 매장의 옷으로 패션쇼를 열었고, 쇼핑몰도 만들었고 책 쓰기도 하고 유튜브에도 영상을 몇 개 올려보았다. 그리고 강의 자료도 수집하고 있는 중이다.

아무 생각 없이 장사만 하던 나였지만 조금씩 노력한다면 언젠가는 10대 목표를 이룰 수 있을 거라고 확신한다. 이 글을 쓰고 있는 지금도 '내가 이런 큰 꿈을 꾸는 사람이었구나' 하고 다시 한 번 느끼게 된다. 꿈이 있는 한 늙지 않는다.

수많은 여성들을 만나면서 나이가 들어가면 외모는 늙어가고 변하지만 늘 열정이 있고 꿈이 있는 사람은 젊은 사람 못지않게 에너지가 많다는 것을 체감하곤 한다. 꿈 없이 하루하루 되는 대로 살았던 20대 때보다 큰 꿈을 향해 나아가는 40대인 지금이 더 좋다. 아이들을 가르치며 선생님 소리를 듣다가 처음 장사를 시작했을 때에는 왠지 신분이 하락하는 느낌, 장사치가 된 듯 부끄럽기도 했다. 하지만 이제는 이 일에 자부심도 느끼고, 아무나 시작할 수는 있지만 아무나 성공할 수는 없다는 것을 알게 되었다.

장사를 시작한 지 11년이 지난 지금, 이제는 하루 종일 움직여야 수입이 생기는 장사꾼이 아니라 나와 같이 장사하는 사람들을 움직여 돈을 벌게 하는 사업가로 성장하고 싶다. 그리고 나의 지인이나 가족들이 나를 사랑스러워하고 누군가에게 도움을 주는 사람이 되는 것이 꿈이다.

필자는 오늘도 여전히 옷을 디스플레이 하고 가게에 손님이 얼마나 올지 기다리고 기대하며 하루를 보낸다. 하지만 그런 와중에도 노트에 꿈을 적고 앞으로 할 강의들을 정리하고 관련된 책들을 읽는다. 그리고 강의하는 모습을 떠올리며 연습해보기도 한다. 새롭게 가게를 오픈한 지인을 위해 아직은 무보수이지만 물건을 사입하는 방법을 가르쳐주기 위해 같이 서울에 가기도 하고, 매장에 들러 디스플레이 하는 것도 도와준다.

앞으로도 나의 도움을 필요로 하는 사람들에게 당분간은 공짜로 도움을 줄 계획이다. 하지만 어느 정도 체계가 잡히면 그때는 유료로 할 계획이다.

나와 같은 직업을 가진 사람들과 정보를 공유할 기회가 있으면 언제든 만나고, 직업이 다르더라도 함께 열정을 나눌 사람이 생기면 함께 꿈을 향해 달려갈 것이다. 그러기 위해서 '지덕체교'라는 다이어리를 잘 활용해야겠다. 매일 내일 하루를 계획하고, 이루고자 하는 꿈을 100일 동안 매일 100번씩 쓰고, 자기 전 하루 동안의 반성할 일과 감사할 일들, 새롭게 생긴 아이디어나 10대 목표를 적음으로써 머릿속에서의 생각이 아닌 눈으로 확인할 수 있는 계획을 구체적으로 세워보면서 하루하루 변화하고 성장하는 나를 기대하게 된다.

1년 뒤 나의 모습을 상상해본다. "늦었다고 생각할 때가 가장 빠르다"는 명언처럼 남들보다 조금 천천히 가더라도 포기하지 않는다면 목표를 이룰 수 있으리라. 중요한 것은 속도가 아니라 방향이다. 제대로 된 길로 나아가기 위해 당장 눈앞의 이익보다 나의 목표를 향해 나아가려고 한다. 내일부터가 아닌 지금 이 순간부터 배운 것을 실천하려고 한다. 좀 더 성장하는 나를 기대하며!

PART 6

여자들이여, 일을 갖고 당당해져라

노현숙

주부들의 꿈을 열렬히 응원하는 한국여성일자리창업협회 대표

성공한 사람이 되려고 노력하기보다 가치 있는 사람이 되려고 노력하라.
- 알버트 아인슈타인

주변 사람들은 나에게 "열심히 산다. 노력형이다. 긍정적이니까 성공하는구나"라는 말로 칭찬하곤 했지만 남편은 늘 나를 믿지 못했다. "누가 널 이용하면 어떻게 하냐? 누군가에게 상처받으면 어떻게 하냐? 그러니 그냥 집에 있어라. 네가 할 수 있는 일이 뭐가 있겠냐"며 걱정해주는 것인지 미덥지 못해 하는 것인지 모를 이야기만 했다. 그것이 항상 불만이었다. 그러다가 집을 산 날 처음으로 "내가 처 덕분에 내 집을 다 가져본다"고 말해주었을 때 기분이 정말 좋았다. 또 큰아이가 대학교, 작은아이가 고등학교에 다닐 때 아이들에게 "엄마처럼만 살면 된다"고 이야기해주었을 때에도 정말 행복했다.

누구나 인정받기를 바란다. 그리고 인정받기 위해 노력한다. 주부들은 특히 사랑하는 사람, 즉 가족에게 먼저 인정받고 싶어 한다. 하지만 현실은 그렇지 못하다. 인정을 받기 위해서는 먼저 화법부터 배워야 한다. 말을 잘하고 교감하는 방법을 배우다 보면 인간관계가 달라지고 그것으로 인해 시너지 효과가 생기게 마련이다.

운명적인 상처가 있었던 어린 시절

"응애 응애 응애."

쨍그랑, 와장창. 갓 태어난 신생아의 울음소리와 정적을 깨는 소리가 뒤섞여 조용하던 마을이 시끄러워졌다. 평범한 가정이라면 딸 하나에 아들도 셋이나 있으니 다섯 번째 태어난 아기의 성별은 어떻든 상관하지 않았을 것이다. 하지만 남아 선호 사상이 투철했던 할아버지는 다섯 번째로 여아가 태어난 것을 못마땅해하셨다. '딸아이가 태어났다'는 소식을 접하신 할아버지는 아무짝에도 쓸모없는 딸을 낳았다며 몽둥이를 들고 장독대로 달려가 항아리들을 무자비하게 깨부수셨다. 당황한 아버지는 할아버지의 팔을 잡고 말리셨고, 지나가던 동네 사람들은 아기를 낳은 경사스러운 집에서 항아리 깨지는 소리가 들리니 발걸음을 멈추고 구경을 했다고 한다. 그렇게 요란스러운 상황에서 태어난 아이가 바로 나였다.

나는 본능적으로 집안 분위기를 느꼈는지 어릴 적 할아버지를 눈도 마주치지 못할 만큼 무서워했다. 할아버지 밥상에만 맛있는 것이 많아서 그 밥상에서 밥을 먹는 것이 소원이었지만 무서운 할아버지와 함께 밥을 먹는 것은 상상도 할 수 없었다. 나는 엄마와 함께 따로 밥을 먹는 차별을 겪어야만 했다. 그것이 얼마나 서러웠던지 엄마에게 맛

있는 반찬과 밥을 먹고 싶다고 떼를 쓰기도 했다. 그런 나와는 반대로 내 밑의 동생은 할아버지가 자주 안아주셨고 밥숟가락 위에 맛난 반찬도 자주 얹어주셨다.

옷 장사를 하시던 아버지는 새벽시장에 나를 데리고 가면 옷 도매상들이 서로 안아주려 했다고 자랑스럽게 이야기해주시곤 했다. 하지만 사업에 실패하는 바람에 친척들과 주위 사람들의 눈을 피해 엄마와 동생만 데리고 야반도주를 하듯 모두가 잠든 사이에 떠나버리셨다. 할아버지 사랑도 받지 못하고, 아니 핀잔만 듣는 것도 서러운데 엄마와 아빠에게까지 버려졌다는 슬픔이 너무 컸다. 할머니 제사 때 아빠가 동네 사람들의 눈을 피해 늦은 밤 살짝 오셨다가 나를 보고 마음 아파하시며 머리를 감겨주고 목욕을 시켜주셨던 기억이 있다. 아마도 아빠는 내게 많이 미안하셨던 것을 그렇게 표현하셨던 것 같다.

연세가 많으셨던 할아버지가 돌아가시기 전 "현숙이는 내가 죽어도 울지 않을 거야"라고 하셨다고 고모가 알려주었다. 하지만 어린 나는 할아버지가 돌아가셨다는 이야기를 듣고 울고 또 울었다. 무서운 할아버지였지만 돌아가셨다는 소식에 눈물이 멈추질 않았다.

몇 년 후 엄마, 아빠와 만나기로 했을 때 내가 버려졌다는 생각보다는 그리움으로 잠을 설쳤다. 그리고 부모님을 만난 날 하염없이 눈물만 흘렸다. 엄마와 아빠 그리고 동생이 살고 있던 곳은 안양천 뚝방 위 판잣집이었다. 사업을 마구잡이로 벌이셨던 아버지는 빌린 돈과 그 돈의 이자를 감당할 수 없어서 도망치듯 집을 나오셨지만 기거할 곳이 없어 친구의 공사장에서 밥을 해주며 그곳에 있는 나무로 대강 바람만 피할 수 있는 집을 지으셨고, 오빠들과 나이 차이가 좀 나던 나만 그곳으로 데리고 오신 것이었다.

장마가 지면 침수되는 지역이었지만 우리 집은 뚝방 위에 있어 괜찮았다. 그렇지만 장마 때 사람들이 물에 빠져 죽으면 여지없이 우리가 사는 판잣집 밑에 시신들이 떠내려와 경찰들과 유가족들이 울부짖는 모습을 여러 번 목격하기도 했기에 저녁이 되면 무서워서 밖에 나갈 수가 없었다.

"유리그릇이 세 개에 천 원입니다."

주말이면 아빠를 도우러 가게로 가야 했다. 친구들이랑 놀고 싶은 마음이 간절했지만 가정 형편상 아빠의 일을 자주 도와드리곤 했다.

"아저씨, 이거 얼마라고 하셨죠?"

손님들이 혹시라도 돈을 깎아 달라고 할까봐 나도 모르게 아빠를 '아저씨'라고 불렀다. 그러면 여지없이 아주머니들이 "아저씨는 무슨 아저씨? 얼굴이 똑같구먼"이라고 말씀하시곤 했다.

나는 유독 아버지를 많이 닮은 딸이었다. 지금 생각해보면 아버지는 나를 많이 믿고 의지하셨던 것 같다. 초등학교 6학년 때 나 혼자 4학년이던 동생을 전학시키러 학교 교무실을 찾았다. 여러 번의 이사 끝에 광명시를 떠나 봉천동에 정착하게 되었는데 나는 곧 졸업을 앞두고 있었기 때문에 전학을 안 가겠다고 했다. 그래서 동생만 전학을 시키기로 했는데 엄마와 아빠가 바빠서 어쩔 수 없이 내가 데리고 가게 된 것이었다. 나를 본 선생님들은 놀라시며 대단하고, 용기가 있다고 칭찬해주셨다. 필요한 서류를 받아 전학할 학교에 가져가자 그곳의 반응도 비숫했다. 동생이 고등학생일 때 대학 입시 상담에도 내가 갔다. 그만큼 부모님은, 아니 아빠는 나를 믿으셨고 내게 "너라면 할 수 있다"고 하시면서 "현숙이에게 일을 맡기면 믿음이 간다"고 자주 이야기해주셨다.

당시 아빠의 믿음과 지지가 지금의 나를 있게 한 것이라고 생각한다. 누군가에게 믿음을 얻고 지지를 받는 것은 무엇보다도 큰 힘이 된다. 결혼 후 남편의 사업 실패로 내가 일을 시작하지 않으면 안 될 상황에 처했을 때에도 아빠는 잘 이겨낼 거라고 믿어주셨다. 덕분에 무엇을 하든지 누구에게든지 지지를 받고 칭찬을 받는 것이 당연하다고 생각했고, 힘든 일도 이겨낼 수 있다고 자신만만했다. 아빠의 믿음 속에서 살아왔기 때문에 누구보다도 격려받고 인정받기를 바라고 또 바랐던 것 같다. 늘 인정을 받기 위해 누구보다 더 노력했고 실천하려고 있는 힘을 다했다.

태권 소녀로 꿈을 이루다

어릴 적 〈로보트 태권브이〉 같은 만화를 보고 자란 세대여서 그런지 여고 시절, 여자아이들도 태권도에 대한 동경이 컸다. 다행히 나에게도 태권도를 배울 기회가 생겼다. 내가 입학한 은광여고는 밴드부와 태권도부가 유명했다. 나는 운동을 좋아하고 잘했기에 당장 태권도부에 찾아가 가입을 했다.

당시 태권도 중에서도 '태권무'가 유명했다. 태권도를 음악에 맞춰서 하고, 탈춤이나 현대무용과도 접목해 절도 있는 동작과 잘 섞어서 멋진 태권무를 췄다. 절도 있는 발차기와 손 지르기 등 여러 동작들이 있었다. 선배들은 자부심이 대단했고, 텔레비전에도 출연해 제법 유명했다. 무용과 접목하다 보니 스냅을 주어 발을 앞으로 빠르게 차는 동작도 있었지만, 앞으로 차되 공중에서 잠깐 멈추어 그 동작들이 잘 보이게 하는 것이 포인트였다. 그런데 그 동작이 너무 어렵고, 발끝이 덜덜 떨리는 통에 여러 친구들과 동작을 맞춰서 할 때면 나만 야단맞기 일쑤였다.

운동을 좋아하고 자신도 있었지만 발차기를 하면 발끝이 덜덜 떨렸고, 점프를 하면 위로 솟구치는 것이 아니라 마치 배가 침몰하듯 점프가 무겁고 점프력도 약했다. 그래서 사범님은 내게 '침몰하는 배'라는 별명을 지어주셨고, 점프할 때마다 야단을 맞아야 했다. 당시 조를 짜서 선배들이 운동을 가르쳐주었는데, 그 모습을 본 조장은 "너는 운동이 안 맞는 것 같으니 그만두는 게 어떻겠니?"라고까지 했다. 그 말은 마치 하늘이 무너지는 것 같은 절망이었고 슬픔이었다.

또 매달 승급 심사를 보려면 돈을 내야 하는데 집안 형편이 어려운 상황이었다. 고민 끝에 사범님을 찾아가 사정 이야기를 했다. 승급 심사비를 낼 돈이 없으니 심부름이라도 하면서 운동을 할 수 있게 해달라고 말이다. 사범님은 승급 심사비도 받지 않고 심부름도 시키지 않으시며 그냥 열심히만 하라고 하셨다. 나는 감사히 여기며 그 후로 운동부 모임 시간보다 두 시간씩 먼저 가서 연습하기 시작했다.

발끝에 힘을 주려고 하니 다리에 쥐가 나기도 했지만, 벽에 다리를 올려 고정해보기도 하며 다리 힘을 기르기 위해 정말 열심히 발차기를 했다. 얼마나 열심히 운동을 했던지 날씨가 쌀쌀했는데도 머리끝에 땀방

울이 맺혀서 머리를 한번 돌릴 때마다 사방으로 땀방울이 튀었다. 그러다 보니 또 다른 별명이 생겼다. 바로 '물에 빠진 생쥐'였다. 운동을 마치고 나면 마치 물에 빠진 생쥐 꼴이라고 붙여진 것이었다. 두 시간 먼저 와서 운동한다는 것을 알게 된 선배 언니는 기특해하며 운동을 가르쳐주기도 했다.

한번은 태국 왕족이 태권무를 배우겠다고 우리 학교를 찾아왔는데, 사범님은 1학년 중 나와 주장에게 가르쳐주라고 맡기셨다. 그리고 감독님은 태국 왕족에게 "주장 전영희와 노력파 노현숙입니다"라고 소개시켜주었다. 내가 노력파라고 친구들, 선배들, 사범님, 감독님에게까지 소문이 나다 보니 이런 행운이 생긴 것이었다. 이 일로 공로상을 받기도 했다. 태권도부로 운동하면 3학년 때 장학금을 받게 되는데 열심히 운동하고 인정을 받다 보니 고 2부터 고 3까지 몇몇 친구들과 함께 장학금을 받았다. 고 2부터 장학금을 받은 경우는 우리가 처음이라고 했다. 나 자신이 너무나 자랑스러웠다.

MBC 라디오 <이 사람이 사는 세상>의 주인공이 되다

늘어진 팔뚝 살, 굵어진 팔과 다리, 자꾸만 늘어가는 뱃살. 내 나이 대의 평범한 주부라면 늘 하는 고민이다.

"난 뱃살만 빼면 좀 봐줄 만한데 말이야."

친구들은 만나면 이렇게 이야기하곤 한다. 심지어 어떤 친구들은 "난 말이야, 뱃살하고 팔뚝 살만 빼면 30대 소리 듣는다"라고 농담 같은 진담을 한다.

그동안 누군가의 엄마, 아내, 며느리로 살아왔다. 나의 부모님은 안 먹고 안 입으시면서도 여느 사랑받는 아이처럼 애지중지 키워주셨다. 그리고 형편이 어려운 상황에서도 내가 결혼할 때 빚을 내면서까지 혼수를 장만해주셨다. 빚을 낸 돈은 알아서 갚을 테니 걱정하지 말고 잘 살라고 하셨다. 그런데 결혼하고 나니 친정에 무슨 일이 생겨도 이야기를 못하고 속앓이만 하고, 시부모님을 대할 때면 눈치 보기 바빴다.

그러던 어느 날 "딸은 엄마 팔자를 닮는다"는 말을 듣고 머리가 복잡해졌다. 두 딸과 아들, 세 아이의 엄마이다 보니 딸들이 내 팔자를 닮아 나중에 '시댁의 눈치를 보고 자기가 하고 싶은 이야기도 못 하고 속앓이만 하면 어떡하지' 하는 마음이 들었다. 내가 변하지 않으면 딸들도 내 삶과 비슷하게 살 것만 같았다. 변해야만 했다.

어린 시절, 엄마는 내게 만물박사와 같은 존재였다. 엄마는 언제나 모든 것을 알고 계셨고 원하는 것을 찾아주었다. 철이 든 후에는 선생님이 바로 그런 분이었다. 그 선생님을 만나고 나의 말하는 태도와 생각, 억양, 옷차림 등이 참으로 많이 변했다. 주변 사람들이 나를 부르는 호칭도 변했다. 예전에는 '녹즙 아줌마, 녹즙 이모'라고 불렸는데 어느새 '대표님, 사장님'이 되어 있었다. 내가 지사장이나 대표라고 광고하지도 않았는데 나의 당당함이 라디오 출연으로 이끌기도 했다.

엘리베이터에서 만난 라디오 PD가 내게 늘 같은 시간에 성실하게 일하는 것이 눈에 띄기도 했지만 다른 분들과 뭔가 다른 면이 있다며 라디오에 출연해줄 것을 부탁해왔다. 그렇게 우연한 계기로 MBC <이 사람이 사는 세상>이라는 프로그램의 주인공이 되었다. "제 삶이 특별하지 않은데 주인공으로 나가도 될까요?"라는 질문에 PD님은 "그럼요, 당연히 주인공으로 나갈 만하십니다. 사장님의 인생이 다른 사람에게 힘이 되고 용기를 줄 것입니다"라고 이야기해주었다. 그 말에 얼마나 용기가 났는지 모른다. 이를 계기로 삶의 새로운 목표가 생겼다.

나처럼 당당하고 떳떳하게 살아가고자 하는 목표를 정하였지만 무엇을 어떻게 해야 할지 고민하는 이들이 있을 것이다. 그런 분들에게 조언자가 되어줄 수 있다면 좋겠다. 외로울 때 이야기 상대가 되어주고, 울고 싶어질 때 같이 울어줄 수 있는 그런 사람! 그리고 방향을 못 잡고 헤매고 있을 때 방향을 제시할 수 있는 그런 큰 나무 같은 사람 말이다.

남들보다 먼저 영업 전선에 뛰어들었고, 사업을 시작했고, 무엇보다 내가 누군가를 통해 변화를 맛보고 살맛을 느꼈다면 받은 것을 나누는 것이 맞는다고 생각한다. 그들이 나를 향해 손을 내밀기만 한다면 기꺼이 그 손을 잡고 일어설 수 있도록 힘이 되어줄 것이다.

"생각이 상황을 만든다"는 것을 체감한 경험들

부은 다리를 주무르며 나도 모르게 "쉬고 싶다. 집에 가면 아이들도 있고 집안일도 있으니 입원해서 좀 쉬고 싶다"고 중얼거렸다. 너무나 힘들고 지쳐 있었기에 혼잣말을 했을 뿐인데 이 말이 진짜 현실이 될 줄은 몰랐다. 오토바이를 타고 배달을 하다가 사고가 난 것이었다. 내가 실수를 하지 않으면 사고 없이 오토바이를 탈 수 있을 거라고 생각했는데 그것은 나의 착각이었다.

아침 8시경, 효창공인 사거리에서 신호를 기다리고 있었다. 1차선에서 신호가 바뀌어 좌회전을 하려는데 갑자기 쾅 하는 굉음이 났다. 웅성이는 소리에 정신을 차리고 보니 119 구급대원들이 나뒹굴어 있는 나를 싣고 있었다. 상황 파악이 잘 되지 않아 정신을 가다듬고 있는데 낯선 청년이 내 옆에서 경찰관에게 상황 설명을 하고 있었다. 직진과 좌회전 동시 신호여서 내가 직진할 것이라고 생각한 그는 속도를 줄이지 않고 달리다 내 오토바이와 추돌했고 1차선에 있던 나는 중앙선을 넘어서 나뒹군 것이었다. 그런데 팔이 움직이지 않았다. 왼팔이 움직이지 않아서 쳐다보니 세상에, 내 뼈가 몸 밖으로 튀어나와 피가 흐르고 있었다. 내 왼팔이 배 밑으로 깔리면서 더 멀리 가지 않아 반대편에서 달려오는 차에 치이지 않고 목숨을 구했다는 설명을 들었다. '아! 내 팔이 나를 살렸구나' 싶었다. 은연중에 혼자 병원에서 좀 쉬고 싶다고 중얼거렸던 것이 현실이 되어버린 것이었다.

그 사고를 계기로 8개월간 병원 생활을 해야 했고, 팔 때문에 네 번의 수술을 받아야만 했다. 당시에는 생각이 현실이 되었다는 것을 깨닫지 못했다. 병원 생활을 하면서 남편의 사업 실패로 가세는 기울었고, 교통사고로 내가 하던 녹즙 사업도 접게 되었다. 8개월이나 수입 없이 생활하는데 다섯 식구의 생활비는 줄이고 줄여도 많이 들고 빚만 늘어갔다. 처음 몇 달은 카드를 써가며 지내다가 점점 카드의 한도가 차다 보니 돌려막기를 할 수밖에 없었다. 카드를 돌려막고 또 돌려막다가 불현듯 보험을 들었던 것이 떠올랐다. "보험은 많이 들었는데 해약은 못 하겠고 항암은 겁나니 암 1기로 진단받으면 암 진단금으로 이 상황을 정리할 수 있을 텐데"라고 나도 모르게 중얼거렸다.

2012년 가을, 건강검진을 하면서 왼편 가슴 위쪽에 뭔가 있다는 사실을 알게 되었고 의사 선생님은 소견서를 써줄 테니 큰 병원에 가보라고 했다. 아이 셋을 모유로 키웠기에 뭐 별일 있겠나 싶어 아주 가벼운 마음으로 병원을 찾아갔다. 대수롭지 않게 생각했기에 일주일 후 결과를 보러 혼자 병원을 찾았다. 의사 선생님과 마주 앉자 선생님은 조금의 망설임도 없이 나에게 "암입니다"라고 말했다.

'내가 암이라니! 아이 셋을 모유로 키우면 유방암 확률이 낮다는데 무슨 소리이지? 셋 다 모유로 키웠고 기름진 음식도, 튀김도 싫어하는데 내가 왜 암이야? 아이 셋 데리고 열심히 살았는데, 누구에게 크게 피해 끼친 적도 없는 것 같은데, 살기도 팍팍한데 암이라니!'

반문하고 또 반문해도 그 결과는 변함이 없었다. 한탄해보고 원망해봐도 소용이 없었다. 물론 지금은 모든 어려움을 극복했으나 당시의 막막함은 두 번 다시 떠올리기 싫다.

그러던 어느 날 강연장에서 "생각이 상황을 만든다"는 이야기를 듣고 나는 무릎을 탁 치며 '그래, 이거였구나' 싶었다. 내 생각이 교통사고나 암이라는 상황을 만든 것이었다.

우리는 얼마나 많은 생각을 하고 있을까? 긍정적인 생각과 부정적인 생각 중 어느 쪽을 더 많이 할까? 친구들과 이야기를 해보면 "난 긍정적이야"라고 말하면서도 어느새 "아니야, 안 돼"라는 말을 먼저 사용하는 것을 많이 보게 된다.

얼마 전 여섯 살 남자아이를 키우는 엄마를 만난 적이 있다. 아이의 이름은 '유자유'였다. 아이는 자유분방했지만 눈살을 찌푸리게 하는 행동은 하지 않았다. 엄마의 행동과 말에 그 답이 있었다. 아이를 향해 소리를 지르거나 "안 돼"라고 하는 말을 같이 있는 동안 들어보지 못했다. 미소 띤 얼굴로 아이를 바라보며 고개를 가로저으면 아이는 하던 행동을 멈추고, 다른 행동을 할 때에도 '이건 해도 돼?'라는 사인을 보내면 여전히 미소 띤 얼굴로 고개를 끄덕여주었다. 그 시선 속에 믿음이 있었고, 그 믿음 때문이었는지 아이는 스스로 행동을 조심할 줄 알았다. 그 아이와 엄마를 보면서 평소에도 그렇게 소리를 안 지르는지 물었더니 그렇다고 했다. 심지어 늘 아이에게 존댓말을 쓴다고 했다. 나만 해도 아이들을 키울 때 "돼"보다는 "안 돼"라는 말을 더 많이 했던 것 같다. 친구들과 이야기를 해봐도 모두 그렇다고 했다.

어려서부터 긍정보다는 부정의 이야기를 많이 듣다 보니 나도 모르게 부정적으로 생각하게 될 때가 많은데 삶이 변화하기를 원하고 행복하고 싶다면 생각을 바꾸어야 한다.

'생각하는 것도 연습이 필요하다.'

생각이 바뀌면 상황 또한 바뀐다. 만약 암에 대한 생각을 하지 않고 '내가 사업을 잘해서 서울에서 매출 1위를 하게 되었으면 좋겠다'고 생각했다면 어땠을까? 그만큼 생각의 힘은 강력하다.

여성은 아름답다, 그리고 주부는 강해서 더 아름답다

누구보다도 '주부들이 행복해야 가정이 행복하다'고 생각한다. 물론 모두가 행복해야겠지만 가족 중 가장 영향력이 있는 사람은 주부가 아닐까? 주부들을 상대로 지금 상황의 불행을 묻는다면 과연 어떤 답변이 더 많을까?

필자는 위의 경험을 통해 깨달은 바를 토대로 여성, 특히 주부들을 위한 '한국여성일자리창업협회'를 만들게 되었다. 무엇보다도 주부들이 잘하는 일에 대해 정당한 대가를 받음으로써 경제적으로 자유를 누리고, 그 노동에 대한 가치를 가족들이 알도록 하는 데 목적이 있다. 사회에서 돈을 벌며 인정받는 여성이야말로 가정에서도 적극적으로 무엇이든 해결할 수 있고, 가족을 위한 행복의 씨앗도 많이 뿌릴 수 있다. "주부들이여, 어깨를 펴고 자신 있게 행복의 씨앗을 뿌려라"라고 외치고 싶다.

어느 날 쇼핑을 하러 갔다가 어떤 광경을 마주쳤다. 누가 봐도 멋지고 비싼 옷을 입고 있었지만 그녀가 하는 말은 그 옷차림과 너무나 상반되었다. 그렇다 보니 옷을 파는 직원에게 대접을 받지 못하고 있었다. 반면 그 옆의 다른 여성은 옷차림이 너무나 평범했지만 교양 있고 조용한 어투였다. 그 여성이 옷을 고를 때면 직원도 존중하는 모습을 보였다. 두 여성의 차이를 느끼면서 "그래, 말부터 바꾸기 시작해야 해"라는 생각을 하게 되었다.

나는 이야기를 매력적으로 전달하고 싶었다. 내 뜻을 가장 빨리 전달할 수 있는 수단이 말이기 때문이다. 단지 영업을 하고 있기 때문만은 아니었다. 매력적인 말이야말로 의사를 잘 전달하고 그것을 관철시키는 데 가장 필요한 것이라고 생각했다.

한국여성일자리창업협회에서 가장 먼저 해야 할 것이 바로 긍정적인 생각을 하게 만드는 것과 긍정적인 생각을 잘 표현하도록 하는 것이었다. 그래서 나 자신부터 말과 의상, 어투를 바꾸기 시작했다. 내 말이 잘 관철되지 않았다고 생각했을 때 높아지는 말의 톤을 낮추기 시작했고, 나의 아름다움을 미소로 표현하기 위해 예쁘게 웃는 법을 배우고 연습하기 시작했다. 그동안 '어떻게 하면 말을 잘할까?'만 생각했다면 이제는 '어떻게 하면 말을 잘 표현할까?'를 같이 연구하고 있다.

서울여대 김창옥 교수는 "예쁜 말이란 상대에 대한 평가가 아니라 그 사람의 행동에 대해 자신의 긍정적 감탄을 표현하는 말로, 단순한 칭찬이 아닌 서로의 감정을 교감하고 서로의 자존감을 올리는 말의 표현이다"라고 말한다. 영업은 서로의 감정을 교감할 때 그 성과가 나타난다. 따라서 진짜 예쁘고 멋진 말과 함께 감정을 교감하는 방법을 주부들에게 알려주고 싶다. 필자는 잘 안 되었던 일, 실패했던 일들을 계기로 배우고 달라지면서 변화를 일으키고 이렇게 성장할 수 있었다. 이에 대해 주부들에게 알려주고 싶다.

많은 주부들에게 긍정적인 생각을 하고 감사일기를 쓰게 했다. 감정을 교감하게 하기 위해 칭찬하게 하면서 많은 변화를 보았다. 감사일기와 칭찬이 발전하면서 매력적인 말을 하는 사람들이 생겨나고, 그들 속에서 누구보다 빠른 성장과 성과가 나타나는 것을 눈으로 확인했다.

늘 부정적인 말을 하던 한 49세 여성은 잘나가던 남편의 사업이 실패하면서 나를 찾게 되었다. 물론 그동안 늘 사용하던 말과 어투는 교육을 받는다고 해서 하루아침에 바뀌지 않았다. 하지만 "시간이 없다. 하기 싫다"를 연발하던 그녀는 감사일기를 쓰고 칭찬을 생활화하면서 가정에도 변화가 일어났다. 전에는 아침마다 일어나라고 소리부터 지르니 듣는 남편과 아이들이 신경질을 내며 하루를 시작했다면, 감사와 칭찬이 몸에 배게 되면서 아침에 남편과 아이들이 하루를 기분 좋게 시작하는 것은 물론이고 남편의 귀가 시간과 아이들의 성적까지 달라졌다.

그녀는 자신의 변화가 가족에게 이렇게 영향력이 있을 거라고는 생각지도 못했다며 기뻐했다. 그뿐 아니라 일을 하고 그 대가로 돈이 들어오니 친정 부모님께 용돈을 드릴 때도 당당하고, 부모님이 누구보다 좋아하신다고 한다. 그녀는 "대표님을 만나서 일을 하고 자신감을 되찾으니 가정에 평화가 찾아와 지금이 가장 행복해요"라고 말한다. 그런 말을 들을 때면 일하는 보람을 느낀다. 이것이야말로 내가 받은 것에 대한 나눔의 결과다. 내가 행복하고 살맛 나는 것처럼 많은 여성들도 그렇게 되길 소망한다.

PART 7

특수한 전문직들의 멘토로 새로운 길을 열어가다

문재훈

전문직들의 보다 나은 미래를 위해 교육하는 속기사

'나도 무언가 잘하는 게 한두 가지는 있지 않을까?'

누구나 신이 내려주신 하나의 재능은 가지고 있기에 인생템을 발견해야 한다. 인생템이란 대단하고 거대해서 손에 잡히지 않는 그 무언가가 아니다. 이미 본인이 가지고 있으나 눈에 보이지 않아 막연히 꿈꾸다 포기해버리기 때문에 발견하지 못하는 것이다. 인생템을 찾음으로써 스스로의 가치를 실현하고 자존감을 높이면서 작게는 가족과 지인, 넓게는 사회 전반에 본인이 가진 역량을 바탕으로 영향력을 발휘할 수 있다.

물론 인생템을 발견했다고 해서 당장 성공을 거머쥐게 되는 것은 아니다. 인생템은 성장의 밑거름일 뿐 스스로 개발하고 연마하지 않는다면 결국 무용지물이다. 인생템을 어떻게 개발하여 누구에게 제공할 것이며, 거기에 따른 제작비용 및 판매비용을 어느 정도로 책정할지 명확하게 파악하고 실행에 옮겨야만 비로소 당신의 인생템은 빛날 것이다. 꿈만 꾸는 사람이 될 것인가, 아니면 꿈을 이루는 사람이 될 것인가? 이는 얼마나 실천하고 행동을 하느냐에 따라 결정된다.

어린 시절, 예견되었던 속기사와의 인연

알코올 중독자인 아버지, 그로 인해 우울증을 앓고 있는 어머니. 그 사이에서 외동아들로 태어난 나는 혼자만의 암울한 시간을 보내기 일쑤였다. 나만의 시간에 유일하게 가졌던 취미는 집 안 한편에 덩그러니 놓여 있는 신문을 오려서 스크랩을 하고 필사하는 것이었다. 결코 좋아서 한 일도, 해야 할 필요성을 느껴서 한 일도 아니었다. 단순히 시간을 보내기 위해 했던 일들이 현재 내가 하고 있는 속기사란 직업의 밑거름이 될 줄은 꿈에도 몰랐다.

학창 시절, 이미 속기사란 직업을 알고 있었지만 속기사가 사용하는 전용 키보드의 가격이 200만 원에 육박했기 때문에 부모님께 사달라는 말을 감히 입 밖에 꺼내지도 못했다. 그러다가 그저 그런 대학에 입학하여 그저 그런 직장에서 의미 없는 생활을 이어가고 있었다. 당시 IT 업종에 종사하고 있었는데 과중한 업무로 인해 일주일 중 단 이틀밖에 집에 갈 수 없음에 회의감을 느끼고 바로 사직서를 내던지고서 속기사란 직업에 대해 다시 알아보기 시작했다. 그때만 해도 온라인 교육이 활성화되어 있지 않아 집 근처에 있는 속기학원의 문을 두드렸다. 속기사가 되어 무엇을 하겠다는 포부도 없이 그저 '속기사가 되어야겠다'는 일념 하나로 실행에 옮긴 것이었다. 태어나서 처음으로 목표의식을 갖고 행동하여 실천한 일이라고 생각한다.

강의실에 들어서자 자리를 꿰차고 있는 수많은 여성 수강생들이 눈에 띄었다.

‘속기사는 남자에게 메리트가 없는 직업인가?’

순간 의아했지만 누구보다 기록하는 것을 좋아했기에 개의치 않고 속기사라는 직업을 향해 첫걸음을 내딛었다. 전혀 다른 키보드 배열과 여러 가지 시스템에 적응해나가면서 누구나 속기사에 도전하지만 아무나 속기사가 될 수는 없다는 것을 뼈저리게 느꼈다.

당시 강사님은 정말 인간적이고 친근하게 대해주셨다. 내가 조금이라도 나태해지면 진심 어린 목소리로 독려하였으며, 시험에 떨어져도 다음에는 꼭 붙을 것이라고 격려해주었다. 물론 수강생이 학원에 계속 다녀야 학원 측에서는 이득이겠지만 그런 부분을 차치하더라도 그 누구보다 힘이 되고 의지할 수 있는 멘토였다. 이후에 필자가 속기강사로 활동하는 데 있어서도 지대한 영향을 미쳤으며, 지금은 호형호제 하는 사이로 지내고 있다. 우여곡절이 많았지만 노력 끝에 1년이란 시간이 지난 후 속기사 자격을 취득하고 지금까지 속기사로서 10년의 경험을 쌓았다.

속기사가 되고 나서 처음으로 했던 일은 교육 속기사였다. 주 업무는 청각장애 학생과 함께 강의실에 들어가 강의 내용을 실시간으로 입력해 청각장애 학생이 이것을 보고 학습할 수 있도록 도움을 주는 것이었다. 당시에 한국복지대학교에서 상주하며 교육 속기사로 일했는데 정말 다양한 유형의 장애학생들을 보며 이제껏 가지고 있던 편견을 깨고 조금이나마 이해할 수 있는 값진 시간이었다.

모든 장애인은 선천적 장애와 후천적 장애로 나뉘는데, 선천적 장애를 갖고 있는 청각장애인의 경우 자신의 목소리를 들을 수 없기 때문에 말을 할 수 없다. 물론 각고의 노력 끝에 대화가 가능해진 청각장애인도 있지만 극소수에 불과하다. 선천적 청각장애인의 모국어는 수화이며, 한국어는 제2외국어나 마찬가지다. 처음에는 그들과 소통할 수 없어 많이 고생했다. 이후 점차 적응하면서 청각장애 학생들과 허물없이 지냈고, 무엇보다 필자가 기록한 속기물을 가지고 공부하여 우수한 성적으로 졸업하는 학생들을 보며 뿌듯함과 성취감을 느꼈다.

교육 속기사를 그만둔 이후 지인의 추천으로 속기강사로서 새로운 인생을 살게 되었다. 누군가의 음성을 듣고 기록만 하다가 수강생에게 교육을 하게 되니 처음에는 모든 게 낯설고 적응하는 데 오랜 시간이 걸렸다. 가장 힘들었던 것은 멘트였다. 속기사로 일할 때에는 말을 할 필요가 없었는데 강사로 일하게 되니 잠자는 시간을 제외하고는 늘 누군가와 대화를 해야 했다. 그런데 할 말만 하고 칼같이 잘라내다 보니 수강생들의 원성을 사게 되었다. 이 점이 학원 매출의 주요 하락 원인으로 지목된 이후부터는 수강생들의 말에 좀 더 귀 기울이면서 감정을 교류하는 강사로 거듭났다.

수강생들과 소모임을 갖고 서로 대면하여 대화를 나누다 보니 속기사를 준비하던 나의 모습과 겹쳐져서 그런지 애틋한 마음이 들곤 했다. 강사 생활을 시작하면서 처음 담당했던 수강생이 오랜 시간이 지난 이후 나를 보며 "선생님, 지금은 사이비 교주처럼 말을 너무 유창하게 잘하세요"라고 말할 만큼 나에게 변화가 생겼다. 한때는 '속기계의 스타 강사가 되고 싶다'는 생각도 했지만 늘 마음 한구석에서는 사업을 하고 싶었다. 결국 꿈꾸던 사업을 하기 위해 5년간의 강사직을 뒤로하게 되었다.

선택의 갈림길에서 잘못된 결정을 한 대가

현재 필자는 서울에서 작은 속기사무소를 운영하고 있다. 주 업무는 이혼 소송, 부동산 소송, 성범죄나 각종 채권채무 관계로 얽혀 있는 의뢰인의 녹음 파일을 문서화시켜서 법적 증거자료로 제출할 수 있도록 녹취록을 제작하는 것이다. 한마디로 세상의 온갖 나쁜 이야기를 모두 듣고 있는 셈이다.

우리가 흔히 볼 수 있는 TV 속 막장 드라마의 소재들이 결코 작가의 상상력에서 나온 것이 아니었다. 실생활에서도 비상식적인 일들이 비일비재하게 벌어지고 있다는 것을 알게 되었다. 그러한 내용을 듣고 있노라면 마치 한 편의 영화나 드라마를 보는 듯한 느낌이 들 때도 있다. 그럼에도 필자가 작성한 녹취록을 법원이나 검찰에 제출하여 소송에서 승소했다는 소식을 의뢰인에게 듣게 되면 속기사란 직업을 선택하길 잘했다는 생각이 든다. 그러면서 한편으로는 안 좋은 일이 있어야만 속기사무소의 문을 두드린다는 현실에 자괴감을 느끼기도 한다. 하지만 내가 작성한 녹취록으로 인해 누군가가 억울함과 고통에서 벗어날 수 있다는 생각에 지금까지 버텨오고 있다.

누구나 사업 초창기에는 시행착오를 겪는다. 필자도 마찬가지로 무수한 선택의 갈림길에서 잘못된 결정을 하여 금전적인 손해도 보고 주위 사람을 잃기도 했다. 그렇게 지금까지 사무소를 운영하고 있지만 시간이 지날수록 상황이 호전되기는커녕 나날이 악화되었다.

'도대체 무엇이 문제일까?'

필자가 가장 크게 실수한 부분은 바로 속기사로서의 자신감이었다. '나는 다른 속기사보다 우수한 실력을 갖췄으니 당연히 나에게 의뢰할 것'이라는 말도 안 되는 자신감에 휩싸여 있었다. 사무소만 개업하면 사람들이 너나 할 것 없이 줄을 서서 의뢰를 할 것이라는 막연한 기대로 인해 본질적인 문제점을 바라보지 못했다. 의뢰인의 관점이 아닌 속기사로서의 관점으로 바라본 것이 실패의 원인이었다. 의뢰인의 입장에서는 당연히 속기사가 속기사로서의 능력을 갖춰야 된다는 생각이 기저에 깔려 있는데 그것을 무슨 엄청난 능력처럼 착각하고 있었던 것이다.

한 달 동안 파리만 날리고 먼지만 쌓여갈 때쯤 '이대로는 안 되겠다'는 생각에 무턱대고 영업을 시작했다. 영업에 대한 개념 자체가 전무한 시기였기에 두 다리로 열심히 뛰어보자는 안일한 생각으로 돌방(돌아다니는 방문 영업)을 하며 여기저기 명함을 건넸다. 거래처 대부분이 법률사무소나 법무법인이었기 때문에 허름한 옷차림으로 방문했다가는 입구에서 제지당할 확률이 클 것 같아 단정하게 정장 차림으로 돌방을 했다. 한껏 미소를 머금고 명함을 건네도 상대방이 알 듯 모를 듯한 표정을 지으며 명함을 받는 둥 마는 둥 "거기다 놓고 가세요"라고 말하면 나도 모르게 어색한 미소를 지으며 사무소를 빠져나오기에 급급했다.

'명함만 주는 건 너무 성의가 없어 보이나?'

부랴부랴 있는 돈 없는 돈 긁어모아 선물 공세를 퍼부었다. 조그마한 박스를 주문 제작하여 그 안에 명함과 요금표, 포스트잇, 물티슈, 각티슈를 넣어 건네자 확실히 상대방의 반응이 눈에 띄게 달라졌다. 하지만 선물 공세에도 반짝 매출이 오를 뿐 이후부터는 다시 똑같은 나날의 연속이었다.

역시 오프라인 홍보보다는 온라인 홍보가 대세라는 생각에 블로그를 개설하고 홈페이지를 제작했다. 블로그에 포스팅을 하고 방문자가 얼마나 왔는지, 홈페이지에 방문하여 누가 글을 남겼는지 일일이 확인하는 것도 쉽지 않은 일이었지만 그래도 조금씩 발전한다는 생각에 흐뭇했다. 그러나 이 역시 이미 필자뿐만 아니라 누구나 하고 있었다는 점을 인지하지 못했다. 돌방도 날씨에 따라 가능 여부가 달라지고 인터넷에 아무리 글을 올려도 상위에 노출되지 않고 묻혀버리기 일쑤였다. 결국 답답한 나머지 낮에는 사무소를 운영하고, 밤에는 다른 속기사무소의 의뢰를 받아 헐값에 투잡을 뛰는 신세로 전락했다.

내 앞에 있는 사람이 나의 미래다

'인생템을 찾아야겠다.'

이렇게 마음먹게 된 계기는 20년 경력의 선배 속기사를 만나고 나서부터였다. 현재 처해 있는 내 상황에서 자그마치 20년이란 세월 동안 쌓아온 경험과 노하우가 절대적으로 필요했기 때문에 선배와의 만남에 큰 기대를 걸고 있었다.

선배는 한때 직원 여섯 명을 두고 나름 어깨에 힘 주고 다니던 시절도 있었지만 컴퓨터 속기사가 등장하면서 수필 속기사가 사장되고 업무 처리 시간이 짧아졌으며, 단가 후려치기 출혈경쟁으로 인해 현재는 직원을 두 명으로 줄이고 근근이 속기사무소를 운영하고 있는 실정이라고 했다. 소주 한잔을 들이켜며 씁쓸한 표정을 짓고 있는 선배의 모습을 바라보면서 지금 이 상태가 지속된다면 결국 내 앞에 있는 사람과 똑같은 삶을 살 수밖에 없을 거라는 생각이 들었다.

좀 더 효율적인 영업 방법을 찾다가 한국영업인협회를 알게 되었다. 처음에는 효과적인 영업 방법을 배울 수 있는 해결 방안이 아니라 한국영업인협회를 하나의 영업 대상으로 인식하고 접근했다. 2~3일 동안 한국영업인협회 카페를 지켜본 결과 대부분의 회원이 자영업자임을 파악했다. 사업을 하다 보면 예기치 못한 상황에 휘말려 법적 공방이 발생할 수 있기 때문에 한국영업인협회를 상대로 영업한다면 매출 증대가 있을 것이라는 생각이 들었다. 그러다 우연한 기회에 특강을 듣게 되었고, 회장님과 독대하여 면접을 보게 되었다. 면접을 보는 내내 회장님을 지켜보면서 자신감 있는 얼굴과 행동, 성공 신화를 이룩한 사람만이 가질 수 있는 신뢰감 있는 목소리에 감동을 받았다.

속기사라는 직업을 듣고 필자에게 던진 심길후 회장님의 첫 질문이 기억난다.

"속기사면 그냥 빨리 치는 거 아닙니까?"

순간 속기사란 직업을 제대로 알지 못한다는 느낌에 실망감이 들 수밖에 없었다. 사실 속기사란 직업 자체가 생소할 수 있는데 회장님이 속기사의 모든 것을 알고 계실 거라고 막연히 기대를 했었다. 당시에는 지

푸라기라도 잡고 싶은 심정이었기 때문에 회장님의 질문이 너무나 답답하게만 느껴졌다. 나는 속기사란 무엇이며, 속기사가 활동하고 있는 분야와 현재 속기시장에 대한 생각을 자세히 설명해드렸다. 이후 회장님은 필자가 전혀 생각지도 못했고 '그런 게 과연 가능한 것인가?'라는 의문이 앞서는 답변을 해주셨다.

한국영업인협회를 상대로 영업을 하려다 오히려 필자가 영업을 당한 셈이었다. 한국영업인협회의 가장 큰 장점이자 특징은 각 분야에서 최선을 다하고 있는 여러 사장들과의 모임을 통해 정보를 공유하며 타 업종에서 적용했던 사례들을 자신의 업종에 적용해볼 수 있다는 점이다. 그리고 이런 기회 자체가 필자에게는 신세계나 다름없었다. 짜임새 있는 커리큘럼과 명사 초청으로 좀 더 발전할 수 있는 기회를 제공해주니 인생템을 구현하는 것이 절대 불가능하지 않다는 자신감을 얻게 되었다.

앞서 언급했듯이 인생템을 발견하더라도 스스로 갈고닦지 않는다면 무용지물이다. 인생템을 발견한 후에 한국영업인협회의 지도와 조언이 없었다면 필자는 이루지 못할 희망을 꿈꾸는 몽상가가 되었을지도 모른다.

속기사의 암울한 현실에서 찾은 희망

아직까지 속기사에 대한 처우는 그다지 좋은 편이 아니다. 속기직 공무원에 뜻이 없다면 사실상 개인사무소를 창업해야만 한다. 속기사를 꿈꾸는 사람들의 80% 이상이 속기직 공무원을 목표로 한다. 요즘같이 청년 실업난이 심각한 사회에서 공무원은 한 줄기 빛과 같을 것이다. 너나없이 공무원이 되기 위해 책만 붙잡고 사는 20대를 보면 너무 가혹한 상황이라 생각한다. 심지어 속기직 공무원이 되려면 공무원 필기시험은 물론이거니와 속기자격증까지 취득해야 한다. 일반적인 공무원 준비생보다 시간과 비용 모두 약 두 배 이상 투자해야 하는 것도 사실이다. 이러다 보니 대개 속기직 공무원을 준비하다가 포기하고 속기사로서 제2의 인생을 시작하거나, 속기사를 포기하고 그동안 준비해온 필기공부로 다른 직렬 공무원에 도전하는 중도 포기자가 발생한다.

명문대 출신도 사회 장벽이 높아 공무원이 되고자 하는 현시점에서 속기직 공무원을 목표로 하는 사람이 공무원 임용을 준비하는 사람들과 대결하는 것은 사실상 무의미하다. 또한 공무원을 포기하고 속기사로 시작하더라도 마땅히 몸담을 곳이 없다 보니 프리랜서 또는 속기사무소를 목표로 한다. 개인사무소를 운영하려면 초기 자본금이 필요하고 사무소를 운영한다고 해서 고정수입이 있는 것도 아니다 보니 대출을 받거나 가족 또는 지인에게 손을 벌려 남의 돈으로 사업을 시작하게 된다. 결국 사업의 기본도 모르는 채 무턱대고 사회 전선에 뛰어들게 되는 것이다.

필자의 인생템은 속기사무소 창업을 희망하는 현직 속기사를 대상으로 전문 속기강사 연수과정을 함으로써 후학을 양성하고, 예비 속기사를 대상으로 속기세미나 및 실무연수를 함으로써 현장에 바로 투입될 수 있도록 철저하게 교육하는 것이다. 예비 속기사가 속기를 처음 접한 후 속기사 자격증을 취득하기까지는 대략 1~2년 정도가 소요

된다. 희소성이 높다는 이유만으로 과대, 허위 포장해 자격증만 취득하면 모든 일이 일사천리로 해결될 것처럼 현혹하는 광고를 걸러낼 올바른 이정표가 필요하다. 좀 더 구체적으로 나의 인생템을 통해 이득을 얻을 수 있는 이들을 유형별로 나누어보았다.

먼저 군 미필자가 있다. 대한민국 남성이라면 그 누구도 신성한 국방의 의무를 피해갈 수 없을 것이다. 어차피 가야 할 군대, 좀 더 도움이 될 수 있는 방법이 없을까? 대한상공회의소에서 주관하는 한글속기 국가시험 2급 이상 자격증을 소지한 자는 육군 및 해군에 속기병으로 입대가 가능하다. 주 업무는 군 수뇌부 회의 등에 참여하여 회의록을 작성하는 것이다.

입대 전에 속기사만 된다면 자연스럽게 군대에서 경력을 쌓을 수 있는 기회가 제공된다. 전역 후 고등군사법원 및 군무원 등에 지원 시 속기병으로서 쌓은 경력을 이력서에 표기한다면 암묵적인 플러스 요인으로 인정되어 다른 지원자보다 우위에 설 수 있다. 물론 군대를 다녀온 것만으로도 남성의 삶에는 큰 변화가 찾아온다. 짧지 않은 18개월이란 시간을 헛되이 보내는 것보다 입대 전에 속기사가 되어 군 복무기간을 속기사 경력으로 인정받는다면 어차피 가야 할 군대에서의 시간을 남들보다 좀 더 효율적으로 이용할 수 있을 것이다.

다음으로 경력 단절 여성이 있다. 속기학원에서 5년간 강사로 재직하면서 20대 중반에서 40대 초반까지 다양한 연령대의 여성 수강생들을 만났다. 그들을 보면서 느낀 점은 여태껏 본인의 일을 왜 하고 있는지 그 이유를 모른다는 것이다. 뚜렷한 목표나 목적 없이 막연히 일을 해야 한다는 생각으로 허송세월을 보냈고, 숨 좀 쉴 만해져서 뒤돌아 보니 말도 안 되는 길을 걸어왔다고 입을 모아 말하는 여성 수강생들에게 목표의식이 필요하다고 생각했다.

수강생들 중에는 유독 경력 단절 여성이 많았다. 출산 및 육아로 인해 다니던 직장을 포기하고 내조에 힘쓰다가 아이가 어느 정도 커서 시간이 남다 보면 새롭게 무언가를 시작해야 할 필요성을 느낀다. 하지만 전문직이 아닌 이상 다시 사회 전선으로 뛰어들기는 역부족인 것이 사실이다. 전문직은 되고 싶은데 굳어버린 머리로 다시 펜을 잡기에는 덜컥 겁이 나서 속기사의 문을 두드리는 여성들이 대부분이었다. 문제는 속기사를 목표로 기나긴 여정을 시작했지만 제대로 된 강사를 만나지 못해 체계적으로 관리받지 못하고 결국 중도에 포기하는 것이었다.

필자의 인생템 중에 속기교육도 포함되어 있는데, 그 이유는 속기강사로 재직 시 다니던 학원에 대한 불만이 컸기 때문이다. 겉으로만 수강생들의 고충을 이해하는 척하고 속으로는 수강생들을 돈으로만 생각하는 시스템에 서서히 지쳐가고 있었다. 물론 학원은 자선단체도 아니고 재능 기부를 하는 곳도 아니다. 하지만 큰 비용을 들여 속기를 시작한 수강생들은 그야말로 인생을 걸고 승부수를 띄운 것이나 마찬가지인데 그들을 단순히 몇 십만 원짜리로 취급하는 것이 필자에겐 너무나 고통스러운 시간이었다. 수강생들이 걸어갈 길을 이미 걸어봐서 그런지 그런 방식에 반감이 들 수밖에 없었고 추후 속기교육을 반드시 하겠다는 목표를 수립하게 된 동기가 되었다.

필자는 경력 단절 여성들에게 맞춤형 속기 과외 시스템을 적용하여 저렴한 비용으로 원하는 시간에 강의를 들을 수 있도록 지원할 예정이다. 또 양질의 교육을 통해 빠른 시일 내에 자격증을 취득하여 경력 단절 여성들이 사회의 장벽을 뛰어넘고 전문직으로서 사회구성원이 될 수 있는 기회를 제공할 것이다.

세 번째, 공무원 준비생이 있다. 속기사 지망생의 80% 이상이 공무원을 목표로 한다. 공무원 임용은 모두가 알다시피 채용 인원이 정해져 있다 보니 누군가를 밟고 올라설 수밖에 없는 구조다. 속기직 공무원 역시 마찬가지다. 더군다나 다른 공무원 직렬에 비해 희소성이 높고, 필기시험 준비와 함께 속기사 자격증까지 취득해야 하다 보니 쉽사리 도전하기 힘든 게 현실이다. 그런데 속기사 자격증을 취득하는 시간을 고려했을 때 필기시험 준비가 상대적으로 미흡하므로 필기시험 커트라인이 타 직렬 공무원에 비해 무척 낮다. 그리고 속기직 공무원의 경우 어느 국가기관에 입성하느냐에 따라 필기 과목이 다르고, 해당 기관에서 원하는 경력도 제각각이다. 이러한 세부적인 사항을 모르는 상태로 속기직 공무원을 준비하게 되면 낭패를 보기 십상이다.

예를 들어 의회 속기직 공무원의 경우 채용 방식이 공개 채용과 경력직 채용 두 가지다. 경력직 채용의 경우 당연히 의회에서 원하는 경력을 갖춰야만 응시자격 요건이 주어진다고 생각하는데 실상은 그렇지 않다. 의회 속기직 공무원 경력직 채용의 경우 필기 과목이 두 가지로 좁혀진다. 필기시험에 대한 부담도 덜 수 있을뿐더러 경력직 채용이라는 타이틀이 걸려 있지만 실상 경력직이 아니어도 무관하기 때문에 필기시험에 자신 있는 속기사라면 누구나 지원이 가능하다. 이런 사실을 모르다 보면 경력직 채용이라는 글귀에 한숨을 내쉴 수밖에 없는 것이다. 필자는 이런 정보를 알려주고 또 본인이 원하는 기관에 입성할 수 있는 지름길로 안내해줄 것이다.

다음으로 통역사가 있다. 요즘은 너나없이 유학이나 어학연수를 다녀오고 현지인 수준까지는 아니더라도 프리토킹은 누구나 할 수 있을 정도로 외국어에 대한 장벽이 허물어진 지 오래다. 그러다 보니 외국어에 자신 있는 사람은 통역사를 꿈꾸지만 사실 우리나라의 통역 시장은 이미 포화상태다. 인터넷에 검색만 해봐도 통역사가 너무 많다는 것을 알 수 있다. 그러다 보니 어느 정도 규모가 있는 통역사 그룹이 아닌 이상 보통 투잡으로 일한다. 필자가 여기서 통역사를 꼽은 이유는 바로 속기와 관련이 있기 때문이다.

필자가 속기사무소를 운영하면서 가장 높은 단가를 책정한 상품은 바로 외국어 녹취록이다. 외국어 녹취록은 속기사에게 외국어 능력이 없을 경우 통역사를 섭외하여 협업해야 하므로 과정이 까다롭고 통역사 인건비까지 고려해야 해 비용이 높게 책정된다. 그런데 통역사가 속기사의 능력을 겸비한다면 어떻게 될까? 업무 처리 시간은 절반 이상 줄이면서 동일한 보수를 받음으로써 고소득을 창출할 물꼬를 틀 수 있는 것이다. 너도 하고 나도 하는 외국어에 너는 할 수 없지만 나만 할 수 있는 속기를 접목함으로써 스스로의 가치를 높이고 새로운 분야의 전문가로서 자리 잡을 수 있다.

마지막으로 현직 속기사가 있다. 현재 속기사로 활동하고 있다고 해도 공무원이 아닌 이상에는 실상 다른 분야에 도전한다는 게 말처럼 쉽지 않다. 공무원의 특성상 보수는 미비하지만 근속에 따른 호봉 및 승급이 가능하며, 추후 공무원 연금까지 있으니 장기적으로 본다면 더할 나위 없이 좋을 것이다. 하지만 공무원이 아니라면 본인이 원하는 분야에 종사하지 않는 이상 속기사무소를 제외한 나머지 분야에서는 보통 계약직으로 근무하므로 업무 종료일이 다가오면 구인구직 사이트를 훑어보기 바쁜 게 현실이다.

최소한 직장에 대한 안정성이라도 보장이 되어야 애사심도 갖고 본인의 직업에 자부심도 느낄 텐데 때 되면 알아서 나가야 하는 상황이 계속되다 보니 현직 속기사들의 고충은 이루 말할 수 없다. 필자가 현직 속기사를 대상으로 구상 중인 인생템은 바로 전문 속기강사 및 회의 전문가 양성이다. 현직 속기사가 전문 속기강사가 되어 체계적으로 수강생을 관리하고 수강생이 원하는 목표에 도달할 수 있도록 지도한다면 일석이조라고 생각한다. 또한 속기사라는 업종의 특성상 들리는 음성에 맞춰 실시간으로 입력이 가능하므로 회의 전문가로 거듭나 원활한 회의 진행과 회의록 작성을 동시에 해낼 수 있다. 이 부분에 대해서는 필자도 명확한 프로세스 정립과 독창적인 회의록 양식을 제작해야 하므로 다소 시일이 걸리긴 하겠지만, 인생템을 통해 현직 속기사들의 활로를 개척하고 싶다.

나의 인생템 '한국속기사진흥협회'와 '한국회의전문가양성협회'

필자의 인생템은 크게 두 가지로 '한국속기사진흥협회'와 '한국회의전문가양성협회'를 설립하는 것이다. 현재 획일적인 교육을 제공하고 속기 자격증을 취득한 이후 사후 관리가 이루어지지 않는 등 속기사의 권익 보호가 사실상 전무하다. 한국속기사진흥협회에서는 제대로 된 교육을 거쳐 빠른 기간에 자격증을 취득하여 속기사란 타이틀을 거머쥐고, 각종 실무교육을 통해 현장에 바로 뛰어들어 속기사로서 제몫을 하도록 지원하는 것을 목표로 한다. 또한 현재 속기사무소를 운영하고 있거나 프리랜서 속기사로 활동하고자 하는 이들을 상대로 효율적인 영업 및 마케팅 기법을 교육하여 사업 초창기에 겪는 시행착오를 최소화하도록 도우려고 한다.

필자도 현재 속기사이지만 한편으론 이런 생각을 해보았다.

'속기사라고 해서 속기만 해야 하는가?'

1년에 2회 실시되는 한글속기국가시험을 통해 한 해에 배출되는 속기사가 대략 300~500명 정도 된다. 회당 시험 응시자가 1,000명에 육박하는데 그에 반해 합격률은 절반 수준에도 미치지 못한다.

무엇이 문제일까? 바로 획일적인 교육 때문이다. 협회에서 제작하는 각각의 키보드는 배열 자체가 다르고 해당 키보드를 제작한 협회에서 제공하는 교육 외에는 다른 교육을 받을 수 있는 선택권이 없다 보니 수강생들 입장에서는 교육 방식이 마음에 들지 않아도 울며 겨자 먹기로 배울 수밖에 없는 실정이다. 또한 키보드를 정식 루트를 통해 구입하지 않은 사람에게는 불이익이 주어진다. 협회에서는 중고 키보드를 판매하거나 구매하는 행위 자체를 인정하지 않기 때문에 중고 키보드 구매자는 해당 협회에서 교육을 받지 못하거나 교육을 받는다고 하더라도 정식 구매자보다 비싼 수강료를 지불해야 한다.

키보드가 고장 나거나 파손되면 AS를 받아야 하는데 이때도 중고 키보드 구매자는 정식 구매자보다 두 배 이상의 수리비를 부담해야 한다. 한마디로 협회의 갑질에 수강생들만 울고 있는 상황이다. 이러한 상황을 개선해야 하고, 누구나 양질의 교육 서비스를 받을 권리가 있다고 회장님께 말씀드렸더니 '과외 시스템 도입'을 추천해주셨다. 중고 키보드 구매자에게도 교육을 받을 수 있는 동등한 권리를 제공하여 속기 자격증 취득 기간을 단축시키고 수강생이 원하는 목표를 달성하도록 도울 수 있게 된 것이다.

과외 시스템을 도입하려면 현직 속기사를 대상으로 전문 속기강사 연수 과정을 거쳐야 한다. 속기사가 되었다는 것 자체가 이미 전문 속기강사로 일할 수 있는 최소한의 요건은 갖춘 셈이다. 다만 누군가를 가르쳐 본 적이 없기 때문에 각종 마케팅 및 영업 교육을 병행함으로써 수강생을 모집하고 체계적인 수강생 관리가 이루어질 수 있도록 한국속기사진흥협회에서 전문 속기강사로서의 능력을 함양할 계획이다.

두 번째로 한국회의전문가양성협회를 설립할 예정이다. 필자는 현재 속기사로 활동하면서 수많은 회의에 참석하여 기록을 하고 있다. 기업 이사회 및 주주총회, 아파트 입주민 회의, 재개발 및 재건축 회의, 각종 세미나 및 포럼 등 속기사가 회의 진행 과정을 기록함으로써 책임 소재를 분명히 하고 옥석을 가릴 수 있다. 그런데 회의에 참여할 때마다 여러 가지 문제점이 있음을 느낀다. 발언권이 주어지지 않은 상태에서 발언을 하거나 상대방이 발언하는 도중에 발언권을 뺏는 등 회의가 전혀 체계화되어 있지 않은 경우가 많다. 회의 개최가 제대로 진달되지 않아 본의 아니게 회의에 불참하는 사람들이 있거나, 회의 종료 시간을 지키지 않아 회의 참석자의 원성을 사기도 한다. 그래서 직원들과 다양한 회의를 해본 본인의 경험을 토대로 회의를 체계화하고 결론이 도출되지 않는 회의를 지양하기 위해 한국회의전문가양성협회를 설립하고자 한다. 회의에 속기를 더한 회의록을 제작하여 책임 소재를 분명히 하고 회의에서 나온 의견이 제대로 실행되고 있는지 추적 관리를 하는 것이다. 말로만 끝나는 회의가 아니라 업무 분담, 업무 지시, 업무 평가, 업무 보고까지 원스톱으로 이루어지는 회의 프로세스를 정립하고 회의를 할 때 반드시 회의록을 기록해야 하는 필요성을 부각시키기 위함이다.

회의에 대한 개념과 프로세스를 탑재하고 여기에 속기사의 능력을 더한다면 좀 더 명확한 회의 진행이 가능하므로 현직 속기사를 대상으로 교육하여 회의 전문가로 양성할 계획이다. 좁은 골방에서 음성을 듣고 키보드만 두드리는 것이 아니라 회의 전문가라는 새로운 직종을 만들어서 속기사의 활로를 개척한다는 점에서 책임감과 사명감을 느낀다. 속기사라는 나름의 전문 직종을 가졌지만 능력을 펼칠 수 있는 곳이 한정되어 있기에 분명히 도움이 될 것이라 확신한다.

먼저 한국속기사진흥협회를 설립하고자 노력 중이다. 과외 시스템을 구축하기 위해 각종 매뉴얼을 제작하고 있다. 마케팅 공부를 하고 이를 바탕으로 과외 시스템의 실효성을 검토한 후 현직 속기사를 대상으로 전문 속기강사 연수 과정을 진행할 계획이다. 현 속기계의 획일화된 교육, 자격증 취득 후 사후 관리 전무 등의 문제점을 개선하여 속기사에게는 전문 속기강사로서 매출 증대를 꾀하고 수강생에게는 양질의 교육 서비스를 제공하여 속기사로 거듭날 수 있도록 하는 것이 목표다.

그런 다음 한국회의전문가양성협회를 설립할 것이다. 나만의 회의 프로세스를 정립하고 독창적인 회의록 양식을 제작하여 회의 전문가로서 첫발을 내딛고자 한다. 이렇듯 회의 전문가란 새로운 직종을 통해 정체되어 있는 속기사의 취업난을 해소하고 활로를 개척하여 우리나라의 숨은 전문직 속기사들의 행복한 성장에 기여하고 싶다.

PART 8

아이들은 운동을 통해 튼튼하고 건강하게 자란다

문종철

배드민턴으로 미래 꿈나무의 건강과 성장을 돕는 키드민턴 대표발명가들이 무언가를 개발해 세상에 처음 내놓을 때 마음이 이러할까? 키드민턴에 관한 글을 쓰자니 가슴이 두근거린다. 키드민턴이 무엇인지부터 설명하자면 '키드+배드민턴'의 합성어다. 배드민턴을 통해 아이들의 새로운 놀이 문화를 제공하는 것을 목표로 독자적으로 개발한, 현재 특허청에 출원 등록 중인 어린이 대상 놀이센터 브랜드다. 이 네 글자만 생각하면 자다가도, 길을 지나다가도 나도 모르게 실없이 웃고 있다가 다시 정신을 차리는 일이 하루에도 몇 번씩 반복된다. 마치 세상에서 가장 예쁜 아내를 친구들에게 처음 자랑하는 심정이라고 하면 적절한 비유가 될까?

배드민턴이라는 운동에 빠져서 살아온 지 어느덧 12년이라는 시간이 흘렀다. 군대를 제대하고 나서 아내를 만나 5년간의 연애를 거쳐 결혼을 하고 두 아이를 낳고 살아온 시간을 제외하고, 내가 살아온 35년의 시간 동안 배드민턴이라는 운동은 내 삶의 일부라고 해도 과언이 아니다.

지금은 일도 바쁘고 둘째아이도 어리다 보니 조금 덜하긴 하지만, 얼마 전까지만 해도 하루라도 운동을 안 하면 몸에서 이상 반응이 오고 가시가 돋는 듯한 느낌이었다. 스케줄로만 따지자면 거의 배드민턴 선수나 마찬가지였다. 취미로 즐기면서 하는 사람치고는 일반적인 사람들의 기준에서 보면 거의 미쳐 있다고 해도 할 말은 없다. 지금도 일주일에 한두 번 이상은 체육관에서 시간을 보내고 있다. 이렇게 배드민턴이라는 운동은 필자의 인생에서 큰 부분을 차지한다.

아이 둘을 키우면서 몸 놀이의 중요성은 알고 있었으나 막상 어떻게 하는 게 효과적인지 잘 알지 못했다. 전문가들의 놀이 방법을 살펴보아도 시간 대비 효율이 좋은 것으로 아이들을 일찍 잠들게 할 방법을 딱히 찾을 수가 없었다. 이래서는 안 되겠다 싶었다. 아이와 놀아주는 게 힘들면 안 되었다. 매일은 아니더라도 시간 날 때마다 아이들하고 놀아주다 집에서 배드민턴 방법을 여러 가지 시도해보았다. 이렇게 배드민턴으로 아이들과 놀아줄 방법을 찾다가 '키드민턴'이라는 새로운 놀이가 탄생하게 되었다. 필자처럼 아이와 같이 놀아주어야 한다는 건 알지만 놀아주기 힘들어하는 부모들에게 도움이 되었으면 좋겠다.

운명의 운동, 배드민턴을 만나다

내가 어릴 적 목수 일을 하시던 아버지는 타지 생활을 하면서 가족을 위해 돈을 버셨다. 어머니는 혼자서 농사일을 하시면서 할머니를 모시고 고생하며 지내셨다. 그러다 보니 아버지의 역할을 형이 많이 해주었다. 운동을 다녀오면 형은 나를 목욕탕에 자주 데리고 갔고 여름방학이면 라디오와 텐트를 가지고 계곡으로 캠핑도 갔다. 어린 동생이 귀찮을 법도 했을 텐데 여기저기 잘도 데리고 다녔다.

고등학교에 올라갈 때쯤 형은 테니스 코치 생활을 하면서 작은 스포츠 용품 매장을 운영하고 있었다. 고등학생이 되고 나서부터는 토요일이나 방학 때면 형을 돕곤 했다. 나이 차이가 많이 나서 형 같기도 하고 삼촌 같기도 하고 장난칠 때에는 친구 같기도 했다. 형하고 목욕탕이나 슈퍼를 가면 사람들은 빨리 낳은 아들 혹은 조카 정도로 보았다. 한데 삶이 이렇게 허무할 수가 있단 말인가? 얼마 전까지 동생 휴가 나왔다고 반겨주고 부대에 복귀할 때 본인이 복귀하는 것 마냥 안타까워해주던 우리 형이 하얀 가루가 되어 유골함에 담겨 나의 품에 안겨졌다. 당시 서른네 살이었던 형은 여섯 살, 네 살짜리 딸 둘과 형수를 두고 먼저 하늘나라로 갔다.

어느덧 세월이 흘러 내가 형의 나이가 되었고, 그때의 조카들만 한 아들 둘을 키우고 있다. 조카들은 벌써 중학생이 되었다. 이제는 아빠 이야기도 장난처럼 할 수 있고 명절과 형의 기일에는 형수, 아내, 아이들과 함께 형이 있는 추모공원에 같이 다녀오고 있다. 형은 먼저 하늘로 가 있지만 내가 열심히 살아갈 수 있게 해주는 원동력이며, 어떠한 일이 있어도 나를 강하게 만들어주는 힘의 근원지다. 나중에 하늘에서 형을 만났을 때 미안하지 않도록 지금도, 앞으로도 노력할 것이다.

제대 후 기존에 다니던 대학과 형이 하던 매장의 처분을 놓고 형수님, 식구들과 고민을 했다. 형이 몇 년 동안 고생해서 이제 막 자리 잡기 시작한 매장을 다른 사람에게 넘기거나, 아니면 내가 학업을 포기하고 매장을 이어받아서 운영해야 했다. 선택은 나의 몫이었다. 나는 한 치의 고민도 없이 매장을 이어받아서 운영하기로 했다. '현대스포츠'는 형이 하던 스포츠 매장 이상의 공간이었다. 어디에 갔다 오거나 하면 항상 들르는 곳이고, 언제나 오면 형이 있는 공간이었다. 이 공간에서 다른 사람이 매장을 운영하는 것은 생각해본 적이 없었다.

대학 생활에 재미도 느끼지 못했고 학사 경고를 받을 만큼 전공에 흥미도 느끼지 못했던 터라 학업을 마치지 못하는 것에 대한 미련은 없었다. 그리고 이런 상황에 부모님께 대학등록금을 받아서 학교에 다니고 싶지도 않았다. 감사하게도 형수님은 매장과 운영하는 데 필요한 형의 차까지 모두 나에게 명의 이전을 해주었다. 손님을 상대하고 서비스를 하는 것이 내 성격에는 맞지 않았지만 일단 형의 몫까지 다해야 한다고 생각했다.

예전에 매장 일을 도울 때 형은 종종 연습장을 꺼내 와서 나중에 되고 싶은 것들을 그리면서 이야기하곤 했다.

"나중에 돈을 벌면 스포츠 센터를 만들자. 지하는 수영장, 1층은 스포츠 용품장, 2층은 헬스장, 3층은 테니스장, 4층은 배드민턴장, 5층까지 지어서 4, 5층은 형하고 너하고 같이 살자."

그렇게 이야기하는 것만으로도 너무 재미있었다. 그림을 그린 것뿐이었는데 이미 마음에서는 스포츠 센터를 운영하는 사람이 되어 있어 행복한 기분이 들었다. 그때부터인가 막연하게 스포츠 센터를 운영하고 싶다는 꿈이 마음속에 항상 자리 잡고 있었던 것 같다.

어느덧 매장을 운영한 지도 10년이 되었다. 지금은 매장의 인테리어도 바뀌고 옆 매장으로 확장도 했고 직원도 둘 만큼 어느 정도 자리를 잡았다. 주변에서는 매장을 확장할 거라면 주차 공간이 확보된 목 좋은 외각으로 옮기는 것이 낫지 않겠느냐고 조언을 많이 해주었고 나도 그게 더 좋을 것이라는 생각은 했지만 아직 형과의 추억이 남아 있는 이 자리를 떠나고 싶지 않았다.

처음에는 매장을 운영해본 적이 없다 보니 10평 남짓한 작은 매장이었지만 하나부터 열까지 왜 이리 해야 할 일이 많은지, 내가 모든 걸 해야 한다는 게 보통 일이 아니었다. 손님 전화를 받는 것조차 쉽지 않았다. 평소에 사람들과 이야기를 잘하거나 쾌활한 성격을 가지고 있지 못한 나는 새롭게 무언가를 발굴하고 손님을 오게 하기는커녕 오는 손님을 상대하고 판매하는 것만으로도 벅차고 힘들었다.

학교나 관공서에 물품을 납품할 때면 견적서, 거래명세표, 세금계산서 등 무슨 서류가 그렇게 많이 필요한지, 운동을 잘하는 것도 아니고 대인관계나 영업력이 좋은 것도 아니고, 그렇다고 머리가 좋아서 금전적인 계산이 밝은 것도 아니었다. 매장 운영이나 경영에 대한 지식도 없었다. 처음부터 끝까지 아는 것이 하나도 없었다. 형은 테니스 선수 생활을 하고 테니스 코치를 하면서 테니스 용품과 종합 스포츠 용품을 주력으로 했었다. 진즉에 배워놓았으면 좋았으련만, 형이 어릴 때부터 '알려줄 테니 배우라'고 했는데 혼나가면서 배우는 게 싫어서 도망 다니던 게 후회되었고 '망하면 안 된다'는 간절함만 있었다.

배드민턴이라는 운동과의 인연은 지금으로부터 10여 년 전 시작되었다. 군대를 갓 제대하고 형이 하던 작은 스포츠 용품 매장을 이어받아 운영하기 시작한 지 얼마 되지 않았을 무렵 친구를 따라 처음 배드민턴 동호회에 갔다. 가벼운 마음으로 참여해 친구가 동호회 사람들과 복식 게임을 하는 모습을 그저 멍하니 바라보기만 했다. 그런데 점프 스매시에 감탄했던 그날 이후 배드민턴을 빼고는 내 인생을 말할 수 없을 정도로 그 매력에 빠져들었다.

우연히 배운 테니스와의 인연

군을 제대하고 나서 오랜만에 아버지와 목욕탕을 가게 되었다. 그때 마르고 작은 아버지의 모습을 보면서 '이제는 아버지도 내가 지켜드려야 하는 존재가 되었구나'라는 생각이 들었다. 태어나서 처음으로 아버지의 모습이 작게 느껴진 날이었다. 그 후로 더 이상 철없는 막내아들로는 살아갈 수가 없었다. 더불어 어떻게 하면 형이 할 때만큼 제대로 매장을 운영할 수 있을지 고민했다. 그나마 다행히 형을 알고 지냈던 분들이 도움을 많이 주셨다.

테니스 용품을 파는 매장인데 테니스를 하지 않으면서 라켓과 스트링, 각종 용품에 대해 이야기하고 판매한다는 게 힘이 들었다. 그래서 테니스를 배우기로 했다. 형의 후배들이 레슨을 하고 있었기에 매장 영업시간 전후에 테니스장으로 가서 레슨을 받았다. 조금만 하면 금방 형들처럼 칠 수 있을 것 같았는데 막상 배워보니 너무 어려웠다. 어렵긴 했지만 기왕이면 제대로 배우고 싶었다.

기본기부터 제대로 다지고 레슨 위주로 1년 넘게 배운 것 같다. 아침엔 아침대로 레슨을 받고 땀을 빼고 나면 기분도 좋아지고 재미도 있었다. 저녁에는 테니스장 조명을 받으면서 운동을 하는 기분도 좋았다. 아침저녁으로 테니스를 배우고 매장을 운영했다. 배달 업무가 있을 때에는 매장 문을 잠그고 다녀야 하는 경우가 생겨서 낮에는 어머니가 매장에 나와 계셨다. 테니스 용품과 종합적인 스포츠 용품 매장으로 그런대로 열심히 장사를 하니 매출도 조금씩 늘고 희망이 보이기 시작했다. 그런데 얼마 후 장해물이 나타났다. 다방면으로 활성화되던 인터넷 쇼핑 바람이 스포츠 용품과 테니스 시장에도 불기 시작한 것이다. 오프라인 매장에서보다 훨씬 더 저렴하게 판매되는 제품들이 많아지는 등 가격 경쟁력에서 인터넷 업체들에 밀리다 보니 판매량이 줄어들었다.

스트링 작업이나 프레임에 대한 설명과 전문적인 설명이 필요한 경우를 제외하곤 판매를 할 때 거의 대부분 상품들의 마진이 떨어지고 소규모 매장으로는 도저히 인터넷 업체들과 경쟁할 수가 없었다. 심한 경우에는 소규모 용품점들이 총판에서 제품을 받는 공급가로 온라인에서 판매되는 경우도 있었다. 자연스럽게 매출은 점점 줄어들었고, 제품 공급업체에서 제공한 적당한 마진을 보고 판매를 했음에도 불구하고 폭리를 취한다는 의심을 받기까지 했다. 당시에는 도저히 이해를 할 수가 없어서 총판에 전화해서 따지고 싸우기도 했다. 그때는 온라인 판매를 하는 업체들을 적이라고만 생각했다. 정정당당하게 판매하는 일반 매장들을 힘들게 하고 자기만 잘 먹고 잘 살겠다고 하는, 상도에 어긋나는 이기적인 사람들이라고 생각했다.

계속 이렇게 간다면 미래가 없다고 생각했다. 매출이 점점 더 줄어들고 미래도 보이지 않자 점점 의욕이 사라지기 시작했다. 매장에 억지로 나오다 보니 문을 여는 시간도 늦을 때가 많았다. 그러면서 형에 대한 그리움이 커지기 시작했다. 이렇게 매장을 운영하다가는 정말 위기 상황이 오겠다는 생각이 들었다. 어떤 것부터 해야 할지 몰랐다. 누구에게 물어볼 사람도 없었다. 그렇다고 계속 이렇게 힘들어하고 있을 수만은 없는 노릇이었기에 무언가를 찾아야 했다. 인터넷으로 일반 고객이 많이 빠져나간다면 인터넷에 없는 것을 팔아야 했다. 그런데 그런 상품은 테니스나 배드민턴 줄이 끊어지면 작업을 해주는 것 말고는 없었다.

업종을 바꾸지 않고서는 인터넷에 올라오지 않는 제품을 찾을 수가 없었다. 일단 학교나 관공서에서는 기존의 금액대보다 터무니없이 비싸지 않으면 믿을 수 있는 업체의 제품을 쓰려고 했기에 학교나 관공서의 납품 비율을 높이는 게 좋겠다고 생각했다. 영업을 해야 했다. 우선 학교 체육 선생님들을 만나야 했는데, 기존에 우리 매장을 이용해주시는 분들 말고는 아는 분이 없어 무작정 학교를 찾아다녔다. 오전에는 매장이 많이 바쁘지 않아서 어머니께 부탁드리고 학교 목록을 들고 무작정 돌아다니기 시작했다.

명함 한 장을 들고 체육 선생님들을 만났다. 그리고 주문이 들어오면 최대한 빨리 납품을 해드리려고 노력했다. 처음에는 공이나 소모품들 위주로 주문이 들어오더니 조금씩 금액이 나가는 제품들도 주문이 들어오기 시작했다. 많은 선생님들이 젊은 사람이 열심히 하는 모습이 보기 좋다며 칭찬도 해주시고 주문도 꾸준히 해주시기 시작했다. 하지만 학교나 관공서의 주문은 학기 초나 개학 후에 몰려서 들어오고 평상시에는 거의 주문이 없는 상황이라 무언가 꾸준히 수익을 낼 수 있는 일이 필요했다. 또 다른 수익 구조를 고민해야만 했다. 해야 할 일은 많았지만 그만큼 수익이 나는 것은 아니었다. 무언가를 더 고민해야 했다.

새로운 시장을 개척하다

평소 책과는 담을 쌓고 살아왔는데 장사 잘하는 방법 등에 관한 책도 몇 권 사서 읽었다. 우리가 내세울 수 있는 브랜드를 만들어야겠다는 생각이 들었다. 동네 매장 이미지를 벗어나서 전문적인 스포츠 매장으로 이미지를 넓혀가야겠다고 다짐했다. 이제 대형화된 매장에서 모든 브랜드의 제품 구입이 가능하거나, 아니면 한두 종목에 대해 전문화된 매장에서 구입하거나 온라인으로 구입을 하는 추세였다. 대형화나 온라인 판매처럼 자본금이 많이 들어가는 것을 할 수는 없으니 테니스, 배드민턴 라켓용품 전문 매장으로 바꾸는 방법을 선택했다.

때마침 배드민턴이라는 운동에 재미도 느끼고 있었다. 배드민턴, 테니스를 같이 취급하는 메인 브랜드를 간판에 걸고 동네 매장 이미지를 벗어나야겠다고 생각하고 알아보기 시작했다. 그때만 해도 '요넥스'라는 일본 브랜드가 대리점 방식으로 체계화된 운영을 하고 있었고, 테니스에서는 1위가 아니지만 배드민턴에서는 확고하게 1위 업체의 위치에 있었다. 이 브랜드를 잡아서 운영해보고 싶다는 생각이 들었다.

다음 날 당장 회사에 전화를 걸었다. 그런데 시 단위 지역에만 대리점을 내준다는 것이었다. 지금은 여주가 시로 승격이 되었지만 그때만 해도 여주군이었다. 어차피 나중에 시가 될 건데 몇 년 미리 내주면 뭐 어떠냐고 하면서 거의 매일 전화를 하다시피 해서 담당 직원을 괴롭혔다. 아쉬울 게 없던 회사는 매번 검토 중이니 한두 달 더 기다리라고 하면서 시간을 끌었다. 그러니까 더욱더 하고 싶어졌다.

내가 하려고 하는 게 소문이 났는지 다른 사람도 하겠다고 나서면서 더욱더 다급해지고 오기가 생기기 시작했다. 담당 직원에게 권한이 없다는 것을 알면서도 매일같이 전화를 걸어서 아직 연락 온 것이 없는지, 어떻게 진행이 되고 있는지 물으며 매달리다시피 했다. 결국 나의 간절함이 통했는지 군 단위 지역에 처음으로 대리점 개설을 허락한다는 답변을 받아 매장 인테리어를 하고 나서 요넥스 대리점을 시작하게 되었다. 지금은 여러 브랜드들이 생겼지만 그때만 해도 요넥스라는 브랜드가 거의 독보적이었고, 이 브랜드를 빼고는 배드민턴 용품점을 운영하기가 어려웠기에 꼭 하고 싶었다. 우여곡절 끝에 무조건 열심히 하겠다는 각오 하나만으로 대리점 계약을 할 수 있었다.

인테리어 비용과 초기 비용이 만만치는 않았지만 자신이 있었다. 때마침 이용대 선수가 베이징 올림픽에서 금메달을 따면서 배드민턴이 활성화되면서 동호회 인원이 늘어나기 시작했고, '배드민턴 전문점'을 잘 운영할 수 있다는 자신감도 생겼다. 배드민턴이란 운동에 대한 재미와 사업의 비전도 있다 보니 하루하루가 즐거웠다.

당시 여주의 배드민턴 동호회는 세 개 정도 되었는데 지금은 열 개가 넘을 만큼 많이 활성화되었다. 나는 새벽 6시부터 하는 클럽에 나가같이 운동하면서 사람들과 친분을 쌓아나가려고 했다. 아침반, 오전반, 낮반, 저녁반 클럽들이 생겨나 클럽을 순서대로 돌면서 같이 운동을 하고 친분을 쌓다 보니 젊은 사람이 열심히 한다면서 좋게 봐주시는 분들이 많았다. 그렇게 손님도 점점 늘고 매출도 조금씩 오르면서 자리를 잡아가기 시작했다.

새벽부터 밤 8시까지 매장을 열고 그 후에는 체육관으로 가서 또 운동을 했다. 주로 배드민턴이나 테니스를 하다가 줄이 끊어지면 스트링 작업을 해주느라 정신이 없었다. 다른 매장들에서는 보통 일이 많아지면 아르바이트생이나 아주머니들에게 맡겼는데 스트링으로 우리 매장을 차별화시켜야겠다는 생각과 나름의 자부심으로 스트링에 관한 자격증도 따면서 제대로 한 줄 한 줄 작업했다. 줄이 아무리 많이 들어와도 이것은 꼭 지켰다. 손님들도 이 부분을 알아봐주시고 다른 데에서 운동을 하다가 줄이 끊어져도 나에게 맡기러 올 만큼 인정을 해주었다. 그러다 보니 스트링 작업 잘하는 곳이라고 소문도 나면서 자부심이 점점 더 생기게 되었다. 지금까지도 스트링에 대해서만큼은 계속해서 연구하고 공부하면서 최선을 다하고 있다. 그렇게 몇 년 동안 열심히 살다 보니 어느 정도 한계점이 보이는 듯했다.

여주 지역의 배드민턴 동호회 인원수는 한정되어 있었고 매장도 우리 매장 하나밖에 없었는데 어느 정도 장사가 되는 것처럼 보이자 동호회 분들 중 한두 분이 매장을 오픈하기 시작했다. 온라인으로 판매되는 비율도 점점 많아지고 무언가 새로운 돌파구가 필요했다. 다른 지역의 배드민턴 매장들은 어떻게 하고 있는지 궁금했다. 다른 지역도 이쪽

하고 별반 다를 것이 없을 거라 생각했다. 직접 찾아다니며 물어보고 싶었지만 하루라도 매장을 비우기가 쉽지 않았다. 그저 매장에 오는 영업사원들에게 물어보는 수밖에 없었다. 영업사원들이 공통적으로 이야기해주는 운영이 잘되는 매장은 전국에 두세 군데 정도가 되었다.

큰맘 먹고 매장 사장님들께 전화를 해서 날을 잡고 찾아뵈었다. 먼저 대구에서 작은 매장 한 칸으로 시작해서 몇 년 만에 확장도 하고 매출도 꽤 많이 올리신다는 사장님을 찾아뵈었는데 전화상으로 이야기했던 것보다 훨씬 더 훈훈한 인상으로 맞이해주셨다. 처음 시작했을 때가 생각난다며 소소한 것까지 많은 부분을 알려주셨다. 그 후로 서울, 수원 등 잘된다고 하는 매장을 돌아보았다. 운영이 잘되는 곳에는 무언가 다른 점이 있었다. 내가 느끼고 배운 점들을 우리 매장에 적용해나가며 열심히 하나하나 일궈나가다 보니 어느덧 손님도 조금씩 늘어나고 재작년에는 매장도 확장할 수 있었다.

어느덧 첫째 아이가 다섯 살이 되었다. 배드민턴 용품점 운영이라는 직업의 특성상 아침에 나가면 밤 10~11시까지는 매장과 체육관을 오가며 대부분의 시간을 보내야 한다. 월요일부터 토요일까지 정상 운영하고 그나마 일요일에는 쉬지만 배드민턴 대회나 주말 행사 일을 보다 보면 평일에도, 주말에도 아내와 아이들과 함께 시간을 보내기 힘들었다. 성공해보겠다며 앞만 보며 달려오다 보니 아내도 많이 지쳐 있고 아이들에게도 너무나 미안했다. 아이와 함께 시간을 보내주길 바라는 아내와 일 사이에서 생각해낸 것이 아이들과 함께 배드민턴을 하는 것이었다. 아직 어리기는 하지만 아이들과 일부러 놀아줄 시간을 만들기는 현실적으로 힘이 들기에 아침 시간을 활용했다.

큰아이가 어린이집에 가기 전 시간, 매장에 출근하기 한 시간 전 아이를 데리고 체육관에 가서 배드민턴을 이용해 아이가 재미있어할 만한 놀이를 했다. 형들이나 어른들처럼 라켓으로 셔틀을 넘기지는 못해도 라켓을 들고 셔틀콕 맞추기, 과녁판에 셔틀콕 던지기, 아빠와 빨리 달리기 시합 혹은 슈퍼달리기, 숨바꼭질, 장난감 놀이 등을 하면서 한 달, 두 달 함께 시간을 보내다 보니 생각지도 못한 좋은 결과물이 나오기 시작했다.

우선은 아이가 아침에 에너지를 발산해서 그런지 밤에 잠을 잘 잤다. 그러다 보니 자연스럽게 아침에 잘 일어나고 아침밥도 잘 먹는, 한마디로 잘 먹고 잘 자는 습관이 형성되었다. 다소 산만하다는 이야기를 많이 들었던 아이인데 수업 시간에 집중력이 좋아졌다는 선생님의 이야기도 들을 수 있었다. 무엇보다 항상 엄마하고만 시간을 보냈기에 엄마와만 친밀감이 형성되었던 아이가 아빠와 함께 운동을 하면서 친근감이 형성이 되어서 그런지 아빠에게 먼저 좋다는 표현도 하고 먼저 다가오기도 했다.

'진즉에 아이를 체육관에 데리고 나와서 놀아줄걸' 하는 생각이 들었다. 하루 한 시간 투자하는 것만으로 아내도 만족하고 아이도 좋아하고 나도 행복해졌다. 이런 좋은 경험을 어린아이를 둔, 나와 같은 고민을 하고 있는 부모들과 함께 공유하고 싶다. 이렇게 좋은 결과를 같이 나누고 앞으로 차근차근 준비하여 키드민턴을 세상에 알리고 싶다.

PART 9

완벽한 청소는 없지만 완벽을 지향하는 청소는 있다

차동희

청소 외길을 걸어온 청소 전문가 '벌레 잡는 청소 연구소' 대표

청소 전문가, 나는 청소 전문가다! 청소 일을 하면서 지금까지 한 번도 청소부라는 생각을 가져본 적이 없다. 누구나 할 수 없는 일을 하고 있고 아무나 따라 할 수 없는 일을 하고 있기에 '전문가'라고 자칭해왔다.

필자는 청소뿐만 아니라 '청소로 인해 고객에게 도움을 줄 수 있는 일'을 한다. 외식업 주방 청소로 인해 업장에 도움이 되는 것이 한두 가지가 아니다. 벌레도 잡아주고 쾌적한 주방으로 인해 직원들의 능률도 오르고, 마인드가 바뀌며 음식도 더 맛있어진다. 깨끗한 식당에서 맛난 음식을 먹은 손님은 단골이 되고 다른 손님을 끌어모은다. 업장의 매출은 올라가고 식당의 이미지는 날로 좋아진다. 외식업 주방을 정기적으로 관리하며 이렇게 많은 도움을 주는데 전문가가 아니면 무엇이란 말인가? 지금도 전문가로서 이 연구를 계속하고 있다.

외식업에 종사하는 사람들, 청소를 업으로 하는 사람들과 있는 그대로 이야기를 나눠보고 싶었다. 나는 오직 나만의 방법으로 세상을 살아가는 이유를 깨달았고, 끝도 없이 방황하던 마음에 평화와 안정을 가지게 되었다.

해충방제 회사 세스코와 렌토킬이라는 회사에서 각 10년, 20년간 일해오면서 수많은 해충들과 전쟁을 벌여왔고, 외식업 식당에서 청소위생이 해결되지 않으면 해충들을 제거하기가 쉽지 않다는 것을 알게 되었다. 그리고 현재 '벌레 잡는 청소 연구소'의 대표로서 외식업 주방의 하수구, 트랜치, 그리스트랩, 식당 바닥을 청소하는 일은 물론 해충방제도 같이 병행해서 하고 있다. 또한 외식업 위생 관리로 업장의 매출을 올리는 노하우 및 창업을 하려는 사람들이 소자본으로 쉽게 할 수 있는 청소 사업 아이템 전수, 외식업 식당의 직원들이 스스로 청소하고 관리할 수 있는 10분 청소 교육 등을 진행하고 있다.

비록 청소 기술과 노하우는 없어도 내가 지금 가지고 있는 하나의 아이템, 외식업 주방 청소에 대한 것을 외식업을 하는 사람들에게 알리고 청소를 업으로 하는 사람들에게 희망을 주는 이야기를 해야겠다고 다짐했다. 외식업의 위생 관리가 얼마나 중요한지 알리고 정기적으로 식당의 주방 관리를 하도록 만드는 것이 글을 쓰게 된 이유다. 처음부터 끝까지 내가 청소 사업을 통해 느끼고 얻은 것을 여기에 담았다. 혹시 지금 절망과 고통 속에서 힘겨워하는 누군가가 이 글을 읽고 힘을 얻을 수 있다면 더 바랄 것이 없겠다.

우연히 시작한 청소업이 인생템이 되기까지

가난한 농부의 아들로 태어나 어린 시절 꿈이라는 것을 가져보지 못한 채 학교에 다녀오면 밭일을 했고, 부모님도 자식의 교육보다는 당장의 살림살이에 더 관심이 많으셨다. 초등학교 6학년 때 아버지가 돌아가신 후 홀로 된 어머니의 고생을 덜어드리고자 중학교 때부터 신문 배달, 연탄 배달 등 아르바이트를 하며 학비며 용돈이며 모두 스스로 벌었고, 고등학교 졸업 후 바로 군대를 갔다. 배운 기술이라고는 농사일밖에 없었던 나에게 군 생활은 그다지 문제가 되지 않았다. 오히려 군 생활이 나에게 꼭 맞는 맞춤형 생활 같았다.

군에서 인정을 받으며 유격훈련장 조교로 근무하면서 리더십도 생기고 뭐든 할 수 있다는 자신감도 배워나갔다. 군 생활을 오래 하고 싶었지만 고생하시는 어머니의 얼굴이 떠올라 만기 제대를 하고 직업 전선에 나섰다. 제대 후 일이야 배워서 잘하면 된다는 생각으로 닥치는 대로 일했다. 인테리어 목수, 노가다, 운전기사, 이삿짐센터, 공장, 중장비 정비 등 일을 하면서 여러 가지 기술과 노하우를 배워나갔다. 당시 한 가지 일에 몰두하지 않고 여러 분야의 일을 한 이유는 배움에 대한 목마름과 꿈 때문이었다.

연애를 하면서 안정적인 직장이 있어야 한다는 것을 깨닫고 세스코라는 해충방제 회사에서 10년을 일하고, 똑같은 업종의 외국회사에서 10년을 일하며 총 20년을 해충방제 회사에서 인정받으며 직장 생활을 해왔다. 그사이 결혼도 하고 딸도 하나 키우면서 별 무리 없이 평범하게 지내왔다. 그러다가 우연한 계기로 트레일러 운전 사업을 하게 되었는데 쉽지가 않았다. 직장 생활을 하면서 모은 돈과 전셋집을 담보로 2억에 가까운 트레일러를 사고 운수 사업을 시작했다. 그런데 사글세를 살면서 전 재산을 모두 투자했던 사업이 2년 만에 날아갔다. 엎친 데 덮친 격으로 사고로 인해 6개월 동안 병원 신세를 졌다.

병원에 있는 동안 눈앞이 캄캄하고 죽고만 싶었다. 몸이 건강해야 막노동이라도 할 텐데 몸뚱이마저 아프다 보니 한 줄기 빛은 사치였다. 몇 날 며칠을 술로 허송세월했다. 집에는 들어갈 엄두가 나지 않았고 가족들을 볼 낯도 없었다. 공중전화 박스에서 잠을 자다가 파출소에 간 적도 있다. 지금이야 웃으면서 그날을 회상하지만 영하 10도의 날씨에 죽지 않은 게 다행이라고 생각한다.

며칠 이런 생활이 지속되다 모든 것을 내려놓고 속초로 향했다. 소주 한 병을 단숨에 들이켜고 바다로 향했다. 매서운 바닷바람에 얼굴이 칼에 베인 듯 아팠다. 발이 어는 듯한 통증을 느꼈지만 마음먹은 대로 계속 더 깊숙한 곳으로 걸어갔다. 어머니의 얼굴이 떠올랐다. 아내와 딸도 보고 싶었다. 바닷물이 몸 전체를 휘감을 때쯤이었다.

"아빠, 아빠."

딸의 목소리가 들렸다. 바로 뒤에서 부르는 듯했다.

"아빠! 어디 가? 가지 마, 아빠!"

간절하게 나를 찾는 딸의 목소리가 확실했다. 그제야 정신을 차린 나는 다시 물 밖으로 나왔다.

'이러면 무엇이 달라지지? 정신 차리자!'

뒤통수를 야구방망이로 한 대 맞은 듯한 통증을 느끼며 곧장 집으로 달려갔다. 딸의 얼굴을 보자마자 왈칵 눈물이 나 딸의 가슴을 부서질 만큼 꼭 안았다.

"아빠, 아파!"

딸의 목소리를 듣고서야 안심이 되었다. 용기를 되찾은 나는 곰곰이 생각해봤다. 온 재산을 탕진했고 빚을 갚아야 했으며 생계도 꾸려나가야 했다. 가만히 있을 수는 없었다.

'내가 진정 잘하고 할 수 있는 일이 무엇일까?'

해충방제 회사만 20년을 다닌 나에게 벌레 잡는 기술과 수많은 식당 주방의 위생 상태를 잘 알고 있다는 것밖에는 남아 있지 않았다.

'그래! 식당 주방만 전문으로 청소하고 벌레도 잡아주는 일을 해보자.'

이때까지만 해도 청소로 사업을 해서 잘된 사람을 본 적이 없었고 청소를 하는 지인도 없었다. 머리에서 생각하는 대로 무작정 움직이기로 했다. 청소라는 사업은 쉽지 않았다. 그것도 식당들, 외식업 주방 청소만 골라서 하다 보니 멸시와 천대, 온갖 질타를 다 받았지만 영업은 되지 않았다. 외식업 주방의 문제가 뻔히 보이는데도 사람들은 청소를 하려 하지 않았다. 아침에 눈을 뜨면 빚 독촉에 시달리고 사람들을 만나는 것도 무서웠다. 그해 겨울은 유난히 추웠다.

우리나라에서 외식업이 차지하는 비중은 막대하다. 먹으려고 산다 해도 과언이 아니다. 이 외식업 세상과 관련된 어떤 사업도 앞으로는 잘될 거라 확신했다. 그럼에도 불구하고 청소 사업은 정말 가치 없는 사업으로 평가받고 있었다. 청소의 기술도 없었다. 하지만 누구보다 주방의 구조와 심리만큼은 잘 알았다. 벌레들이 어디에서 사는지도 잘 알고 있었다.

'그래, 한번 부딪혀보는 거야.'

결국 '벌레 잡는 청소 연구소'라는 타이틀을 걸고 외식업 주방 청소만 전문으로 하는 아이템을 밀고 나갔다.

열심히 노력하다 보니 하나둘씩 거래처가 생겨나기 시작했다. 나만의 청소 방식으로 나만의 시스템을 만들었다. 힘든 시련은 계속 이어졌다. 수세미 하나로 주방 전체도 닦아보았다. 손목이 끊어질 듯한 통증을 느끼면서도 청소를 했다. 기계가 망가진 날은 손으로 무엇이든 들고 닦아야 했다. 한번은 허리가 너무 아파서 땅바닥에 아예 털썩 주저앉아 청소를 한 적도 있다.

겨울철에는 기계가 얼어서 녹이는 데 시간이 많이 소요되었다. 아까운 시간을 지체할 수 없어 철수세미와 빗자루를 들고 무조건 쓸고 닦았다. 이렇게 청소를 하고 나면 벽에 기대며 걸어야 할 정도로 몸은 녹초가 되었다. 게다가 당시 외식업들의 경기침체로 인해 주방 청소를 해주고도 수금이 안 되는 경우가 많았고, 문을 닫고 도망가는 일도 빈번해 더 힘들었다. 그럴 때마다 회의를 느끼면서도 앞으로 잘될 거라는 기대와 가족에 대한 생각으로 버텨냈다. 가족은 나를 일으키는 원동력이다.

해충방제 회사를 20년 다니면서 해충에 대해서는 도사가 되었다. 전문가라 해도 과언이 아니다. 해충을 잡는 일은 생각보다 전문적이다. 그 한편에 청소가 포함된다. 특히 우리가 하루에 한 번 이상 들르는 식당의 주방은 해충들의 천국이다. 해충을 잡으려면 잡는 기술도 필요하지만 주방의 위생이 첫 번째로 중요하다. 하지만 주방이 정말 심각할 정도로 더러

워지지 않는 한 청소를 잘 안 한다.

청소라고 해서 딱 한 번만 하고 일당을 챙겨오는 것이 아니다. '벌레 잡는 청소 연구소'라는 타이틀을 걸고 해충방제와 더불어 1년을 계약하고 정기적으로 관리를 하는 것이 나의 인생템이다. 고객과의 계약은 1년 단위로 해서 정기적으로 수익을 얻는다. 청소는 눈 가리고 아웅 하듯 해서는 안 된다. 매일, 정기적으로 해야 한다. 정기적으로 하는 청소는 청소 전문가들이 하는 것이며, 내가 외식업 식당의 주방만 청소하는 이유가 바로 이 때문이다.

실수를 통해 배우고 뚝심으로 나아가다

외식업 주방 청소를 사업으로 하는 청소업체는 정말 많다. 웬만한 청소업체에 전화를 하면 요구하는 것을 다 해준다. 청소업을 시작하면 이것저것 자기가 할 수 있는 것은 모두 할 수 있다. 계단 청소 전문이라 해도 하수구 청소도 할 수 있고 사무실 청소도 할 줄 안다. 입주 청소를 전문으로 하고 있어도 하수구 청소를 해달라고 하면 다 해준다. 자기가 할 수 있는 한 어떤 청소든 할 수 있는 것이다. 에어컨 청소업을 하고 있어도 사무실 청소나 주방 청소도 할 수 있다. 자신의 노력 여하에 따라 일의 범주가 달라진다고 생각하면 된다. 내가 아니어도 청소할 업체는 많다는 이야기다.

"청소를 한 가지만 해서는 안 돼!"

전에 어느 지인의 말 때문에 많이 고민한 적이 있다. 그래서 혼자서 할 수 있는 청소의 종류에는 무엇이 있을지 생각해보았다. 청소를 할 수 있는 곳은 굉장히 많다. 하지만 혼자서 할 수 있는 일은 그리 많지 않다. 아니, 없다고 해도 과언이 아니다.

사람들은 잘되는 일을 찾는다.

"요즘 입주 청소가 잘된다는데."

"요즘 부부가 사무실 청소나 계단 청소를 하면 대박이래."

청소업을 막 시작한 사람들은 이것저것 다 해보려는 욕심만 키우다 결국 한 가지도 제대로 못 하고 주저앉고 마는 상황이 발생하는데 자기가 제일 잘할 수 있는 것을 찾아야 한다. 건물 외벽 청소를 하는 사람들은 담력이 있어야 한다. 고소공포증이나 어릴 적 높은 곳에서 떨어져 트라우마가 있는 사람들은 하고 싶어도 할 수가 없다. 돈을 많이 번다고 다 할 수 있는 것이 아니다. 성격이 조용하고 사람들과 마찰을 꺼리는 사람들은 사무실 청소라든가 입주 청소 같은, 한곳에 집중해서 꾸준히 할 수 있을 일을 찾으면 된다.

10년 전 해충방제 일을 하던 때였다. 항상 바퀴벌레 때문에 문제가 있던, 퇴치가 불가능한 식당에서 연락이 왔다. 주방의 위생 문제로 연락을 한 것이었다. 도착하자마자 주인이 말도 안 되는 이야기를 했다.

"손님이 음식에서 바퀴벌레가 나왔다며 손해배상청구로 100만 원을 달라고 하네요. 그쪽에서 내시죠."

해충방제를 한다는 이유로 손님의 손해배상까지 책임져야 한다는 건 어불성설이었다.

"사장님, 제가 청소를 해드릴 테니 청소 값은 지불하세요. 그럼 앞으로 제가 직접 주방 청소도 해드리고 벌레도 다 잡아드리겠습니다."

이것이 처음으로 외식업 청소를 시작한 계기다. 해충방제 직원 시절 이미 외식업 청소를 경험하고 그것을 이용해 해충방제를 했던 것이 많은 도움이 되었다. 당시 외식업장의 해충을 잡으려면 으레 청소가 우선시되었고, 청소를 하면 해충 퇴치가 쉬워졌다. 점차 고객들이 나를 찾기 시작했고 이미지가 좋아지면서 회사의 위용도 올라갔다.

사람의 마음은 생각하기 나름이다. '외식업 주방 청소'라는 아이템으로 세상에 발을 내디딜 때 주위에서 "그게 되겠어?", "지금 경기가 얼마나 안 좋은데 그 돈을 들여서 청소를 하겠어?", "괜히 힘 빼지 말고 빨리 접어"라는 말을 수없이 들었다. 하지만 포기하지 않고 밀고 나갔다.

"두렵고 엄두가 나지 않아 시작도 못 했던 일이 있었나요? 해봤자 안 될 거라고 생각해서 방치한 일이 있었나요? 하지만 시도하지 않으면 가능성은 0%다! 모든 도전의 성공 가능성은 첫발을 내디뎠을 때 비로소 생겨나는 것이다. 승리는 가장 끈기 있는 사람에게 돌아간다."

내가 좋아하는 책의 한 구절이다. 아무 시도도 안 하고 잘하는 것이 무엇인지 찾아보려 하지도 않았다면 지금 이 자리에 있지 않을 것이다.

청소 분야는 그야말로 무궁무진하다. 50가지가 넘는다. 아직도 청소 분야에서 모르는 것이 너무 많다. 하지만 굳이 모든 분야의 청소를 알고 싶지는 않다. 나는 지금 나의 분야에서 전문가이고 많은 외식업 사업주들에게 전문가로서 도움을 주고 있다. 생각과 발상의 전환으로 인해 지금의 '코스원'을 탄생시켰고 '벌레 잡는 청소 연구소'라는 아이템으로 외식업에 새로운 바람을 불어넣고 있다. 앞으로 외식업을 하는 모든 사람들에게 나의 이야기를 들려주어 더 많은 도움을 줄 것이다.

"여보세요? 거기 코스원 맞죠? 여기 압구정동의 ○○치킨집인데요, 주방에 벌레들이 없어지질 않고 초파리가 너무 많아요. 청소를 한다고 했는데, 혹시 해결 방법이 있나요? 오늘 방문 좀 해주실 수 있나요?"

아침부터 다급한 여성의 음성이 들렸다. 전날 친구들과 과음을 하고 사무실에서 쪽잠을 잔 터라 정신이 없었다.

"예, 방문은 해드릴 수 있는데 급하신가요? 오전은 힘들고요, 오후에 방문 가능합니다."

다시 여자의 목소리가 들렸다.

"지금 못 오시나요? 주방을 열어야 하는데 하수구까지 막혀서 물이 안 내려가요."

평소 같았으면 한걸음에 달려갔겠지만 과음을 한 터라 머리도 아프고 속도 쓰렸다.

"사장님! 제가 5분 후 방문 여부를 검토해보고 전화 드리겠습니다."

전화를 끊고 찬물을 한잔 들이켰다. 정신을 차리고 나서 시계를 보니 오후 2시였다. 그만 의자에 앉아서 잠이 들어버린 것이었다. 그제라도 전화를 하려 했지만 전화번호를 메모해두지 않아 할 수 없었다. 나 자신이 한심하게 느껴졌다. 내가 전화를 다시 안 하면 다른 업체를 알아볼 것이고 회사의 이미지가 안 좋아질 거라는 생각에 안절부절못했다. 누구나 실수를 한다. 하지만 그 실수가 나에게 도움이 될 수도 있고 도움이 안 될 수도 있다. 실수로 인해 내가 무언가를 깨닫는다면 그것은 잘한 실수이고, 돌이킬 수 없는 실수를 했다면 빨리 잊어버리거나 다시는 그런 실수를 반복하지 않도록 노력하면 된다.

당시의 상황은 나에게 돌이킬 수 없는 치명적인 실수였다. 빨리 잊어야 했다. 그리고 다시는 이러한 실수를 하지 않도록 마음을 가다듬어야 했다. 당시에는 계약 하나에 따라 먹고사는 문제까지 대두되었기에 민감할 수밖에 없었다. 그날 하루는 종일 찜찜했다. 아마도 고객에게 미안한 마음이 계속 가슴속에 맴돌고 있어서 그랬는지도 모른다. 빨리 잊고 일상으로 돌아가자는 생각뿐이었다.

다음 날, 여느 때와 마찬가지로 아침에 사무실로 출근해서 10분간 책을 읽고 있을 때 전화벨이 울렸다.

"어제 전화 드렸던 압구정 ○○치킨집입니다."

"어제 연락을 못 드려 죄송합니다. 전화번호를 메모해두지 않아서 연락을 못 했습니다. 정말 죄송합니다."

웬만해서는 고객에게 머리 숙이는 일이 별로 없는 성격이지만 그날은 달랐다.

"아, 그러셨구나! 저는 스케줄이 안 돼서 못 오시는 줄 알고 다른 업체에 연락해서 방문을 해주셨어요."

예상했던 일이었다. 그런데 왜 다시 전화를 했는지 의아했다.

"하수구는 뚫어서 해결이 되었는데요, 다른 문제가 해결이 안 되어서요. 어제 이야기했던 하수구 청소하고 주방 청소 말인데요, 그거 하면 벌레도 없어지나요?"

다른 업자가 왔지만 하수구만 뚫고 다른 건 못 한다고 그냥 가버렸다는 이야기였다. '하수구 뚫는 사람이면 청소도 같이 할 텐데?' 조금 의아했다. 어제의 실수를 만회하고자 먼저 선수를 쳤다.

"고객님! 일단 시설 진단을 먼저 해봐야 합니다. 오늘 방문 드려도 괜찮겠습니까?"

도착하자마자 사장님을 이끌고 주방으로 들어갔다. 먼저 주방에 있는 트랜치를 보니 한 번도 덮개를 들어낸 흔적이 없었다. 매일 청소를 해도 트랜치는 온갖 유기물과 음식물 쓰레기에 더러워질 수밖에 없는데 이곳처럼 평소 청소를 하지 않으면 결과는 보나 마나였다. 트랜치를 들어내자 사장님 입에서 탄성이 절로 나왔다.

"아이고, 이렇게 지저분하니 하수구가 막히지!"

시설 진단이 계속 이어졌다. 트랜치를 모두 들어내고 나서 내시경 카메라로 트랜치와 그리스트랩으로 연결된 하수구를 검점해보기로 했다. 시설 진단 시 내게 내시경 카메라는 필수 장비다. 아마도 외식업 식당의 청소를 하면서 이런 장비까지 동원하는 사람은 없을 것이다. 내시경으로 보면 하수구 내부의 슬러지(물때)와 음식물 찌꺼기, 해충들의 서식 상태를 파악할 수 있다. 내시경 카메라는 녹화가 가능하기 때문에 중요한 문제점에 대한 정보를 고객에게 제공해줄 수 있다. 시설 진단을 하는 내내 사장님 내외는 연신 감탄사를 연발했다. 지금 자신의 업장에 이렇게 끔직한 일이 일어나고 있는데도 신기하다는 듯이 지저분한 위생 상태를 지켜보고만 있는 것이었다.

하수구 내부는 그야말로 최악의 위생 상태를 자랑한다. 이 매장은 특히 초파리 문제가 심했다. 매일 청소를 하고 약을 뿌려 대는데도 초파리는 줄지 않았다. 바퀴벌레가 없다고 주장하는 사장님의 말과 달리 하수구에서 살아 있는 바퀴벌레도 영상에 잡혔다. 두말하면 잔소리였다. 약 20분 정도 주방 곳곳의 위생 상태를 꼼꼼히 살펴본 후 촬영한 영상과 사진을 보며 주방의 문제점에 대한 설명을 이어갔다.

"사장님! 주방의 청소는 한 번으로 해결되는 문제가 아닙니다. 정기적으로 꾸준히 관리를 하는 것이 최선의 방법입니다. 매달 주방의 하수구, 트랜치, 그리스트랩과 주방 바닥을 청소해드리겠습니다. 그리고 해충방제도 같이 병행해서 해드릴 거고요. 이렇게 매달 관리를 받으시면 주방 위생은 물론 직원들의 사기도 좋아질 겁니다."

계약은 그 자리에서 바로 이루어졌고 다음 날 서비스를 해드렸다.

이틀 후 연락이 왔다. 감사하다는 전화였다. 지금까지 보지 못한 꼼꼼한 시설 진단에 믿음이 가서 계약을 했는데 전문업체라 역시 다르다며 주위에 많이 알려주시겠다고 했다. 어깨가 으쓱했다.

거래처 사장님들은 내 회사를, 나를 전문업체, 전문가로 인정한다. 나는 외식업 청소 전문가다. 그리고 해충 전문가다. 외식업 전문 청소업을 하려면, 그것도 청소를 하는 사람으로서 전문성을 가지려면 해충을 같이 접목해야 한다. 즉, 해충과 주방의 위생은 떼려야 뗄 수 없는 불가분의 관계인 것이다. 필자는 외식업 주방 청소 전문가가 되기 위해 수많은 시행착오와 경험을 했고 배우고 깨우치기 위해 무수히 많은 책을 읽었다. 전문가가 되려면 전문가처럼 행동해야 한다. 그리고 그 바탕에는 피나는 열정과 노력이 있어야 한다.

특화된 위생 교육, '아침 청소 30분'

신촌의 번화가는 항상 사람들로 북적인다. 낮에도, 밤에도 거리는 언제나 활기차다. 주말에는 발 디딜 틈도 없을 정도로 그야말로 아수라장이자 축제 분위기가 연출된다. 당연히 그중 으뜸은 먹거리 장사다. 저마다 특색 있는 간판을 내걸고 맛있는 음식을 자랑하며 손님들을 부른다.

어느 집이고 할 것 없이 사람들은 꽉 들어차 있고 줄을 서는 것은 기본이다. 외식업장의 청소를 위해 새벽마다 가는데 새벽 시간에도 그 거리는 활기가 충만하다. 젊음의 거리에서 젊은 친구들이 술에 취해 서로 감싸주고 위로하며 하루의 고단함을 달랜다. 거래처가 많이 밀집되어 있는 신촌은 나의 거리이기도 하다. 모든 외식업장이 나의 고객 군이고 예비 고객인 셈이다. 새벽에 작업을 나가더라도 나는 가만히 있지 않고 전단지라도 하나 더 돌리면서 외식업을 하는 사장님들에게 인사를 한다.

신촌에는 특히 젊은 사장이 많다. 젊음의 거리답게 사장들도 모두 젊고 활기가 넘친다. 트렌드를 잘 읽고 상황에 맞추어 운영을 하는 젊은 사장들은 외식업 주방 청소에 대해 관심도 많고 이야기가 잘 통한다. 신촌의 주요 거래선들이 모두 젊은 사장들이 운영하는 곳이다. 나는 청소를 하고 벌레를 잡아주는 일만 하는 것이 아니라 필요하면 직원들과 사장들에게 위생 교육도 해준다. 물론 대가를 받고 해주는 것이다. 해충방제 회사에서 팀장과 매니저로 일했던 터라 직원들의 위생 교육이나 마인드 교육 정도는 자신이 있다. 이것도 나만의 전문성을 키우는 데 일조했다.

청소와 마찬가지로 해충방제도 외부 관리만 정기적으로 받는다고 문제가 해결되는 것이 절대 아니다. 정기적인 관리를 받는 만큼 서포터가 가능하고 최악의 경우를 미연에 방지할 수 있기에 전문가가 필요한 것이다. 한 달에 한 번 주방의 청소 관리를 받는다고 해서 자체적으로 아무것도 안 하면 큰일 난다. 전문가의 관리를 받더라도 자체적으로 꾸준히 관리하는 것이 무엇보다 중요하다. 그래서 청소 유지가 잘 안 되는 몇몇 매장에서는 직원들 교육도 병행해주고 있다.

'아침 청소 30분', 이는 직원 교육 상품의 이름이다. 반드시 시간상 아침이 아니라 가게 문을 열기 전을 뜻한다. 직원들이 하루 30분은 다 같이 청소에 매진하고, 이에 대한 매뉴얼화를 통해 습관화시킨다는 게 교육의 모태다. 그 주방에 맞고, 직원들이 쉽게 할 수 있는 동료들 간의 유대 관계 확립 및 마인드 향상을 주목적으로 하고 있다.

외식업을 하는 사장님들이 한 가지 착각하고 있는 것이 있다. 청소는 매장 문을 닫은 후에 해야 한다고 생각하는 것이다. 일과 시간이 끝난 후에 청소를 시키는 것은 노동 외 시간의 착취이며 일의 효율을 떨어뜨리는 지름길이다. 직원들의 효율이 떨어질 때 그 업장은 얼마 가지 못해 문을 닫게 된다. 청소는 반드시 업무 시간에 해야 한다. 그래야 사장도 지시할 명분이 선다. 업무 시간 외에 하는 것은 봉사활동이다. 봉사활동은 '하지 않아도 되는 것'이기 때문에 그 선택은 직원의 선의에 맡겨야 한다. 봉사활동인 이상 사장이 "지금부터 청소를 하자", "여기가 더럽네"라는 식의 강요를 할 수 없다. 직원들의 선의에 참견을 해서는 안 되기 때문이다. 외식업의 위생 관리가 잘되려면 그만큼 경영 관리도 중요하다. 그중 하나가 바로 직원들 관리다.

'아침 청소 30분' 역시 업무 시간에 해야 한다. 업무 시간을 30분 당긴 오픈 시간을 30분 늦추건 사유다. 저녁에 그만큼의 시간을 벌기 때문에 아무 때라도 상관이 없다.

자, 이제부터 '아침 청소 30분'의 실행 방법을 구체적으로 살펴보자.

첫째, 모든 청소에는 담당이 있고, 담당 구역이 정해져 있어야 한다. 상황에 따라 이리저리 우왕좌왕 청소를 하는 것은 효율을 떨어뜨리고 시간만 낭비될 뿐이다. 반드시 자기의 구역을 정해주고 구역에 대한 책임감을 갖도록 해야 한다. 정리는 과감히 버리는 것이다. 필요한 것과 필요하지 않은 것을 구분하고 해야 할 것과 하지 말아야 할 것을 결정하는 것이다. 정돈은 갖추는 것이다. 식자재를 두는 장소를 정하고 언제든 편하게 사용할 수 있는 상태를 유지해야 한다. 정리의 정의가 전략이라면 정돈의 정의는 전술인 셈이다. 즉, 전략과 전술이 함께 병행되어야 진정한 정리라고 할 수 있다. 현재에도 많은 외식업의 위생 기준을 가늠하면서 중요하게 여기는 것이 정리의 법칙이다. 정리정돈이 우선시되지 않고서는 청소가 무의미하다.

둘째, 영업 전 주방에 들어왔을 때 청소도구를 먼저 들 수 있게 습관화해야 한다. 그러려면 전날 퇴근 전에 미리 청소할 준비를 해놓아야 한다.

셋째, 빨리 하려고 하지 말고 다 못 하더라도 정확히 해야 한다. 청소라는 것이 빨리빨리의 대명사처럼 사람들은 빨리 끝내려고만 한다. 빨리 하는 것이 중요한 게 아니라 내가 맡은 구역의 청결함을 유지하는 게 목적이라는 것을 기억해야 한다.

넷째, 청소가 끝나면 반드시 검증을 할 수 있는 감독관이 있어야 한다. 여기서 감독관은 사장이 아닌 매니저나 점장이 될 것이다. 사장이 직접 청소에 관여하지 않는 것이 좋다. 스스로 할 수 있도록 분위기를 조성하는 것이 사장이 갖추어야 할 덕목이다.

이 정도의 플랜을 짜놓고 이론과 실습 교육을 전수받은 후 실천을 해보면 된다. 그 모든 교육은 필자가 담당하고 지시한다. 약 3일간 하루 한 시간의 교육으로 직원들이 변화하고 업장의 위생이 좋아진다면 그다음의 파급효과는 이루 말할 수가 없을 것이다.

노동이라는 것은 착취가 아니라 협동을 통해 얻어지는 귀한 가치다. 외식업 주방의 위생 상태가 좋지 않다는 것을 알면서도 왜 청결하게 하지 않는 것일까? 하루 매출에만 급급해서 주변의 악조건은 눈에도 들어오지 않는 것일까?

외식업을 하는 모든 사업자들이 앞으로 더 희망을 가지고 일할 수 있는 환경을 스스로 조성해보면 어떨까. 직원들이 한 식구로서의 동질감을 가지고 서로 의지하며 단합해 즐겁게 일할 수 있는 환경을 만들어주는 것이 바로 외식업의 환경 정비다. 그 일환으로 '아침 청소 30분' 교육을 통해 모든 직원들이 즐겁게 청소하면서 자신의 건강과 손님들의 건강, 나아가 국민들의 건강을 책임지는 외식업의 선두주자가 되길 바라는 마음이다. 조직을 장악하기 위해서는 사람을 꾸짖기보다 일에 대해 꾸짖어야 한다. 이것이 외식업 오너들이 갖추어야 할 가치관이다.

따뜻한 미소와 친절의 원가는 0원이다

외식업은 서비스업이다. 손님과 항상 마주해야 하고 매장에서 만든 음식에 대한 평가를 받아야 하고 평가에 부응하기 위해 애써야 하는 서비스업의 최고라 할 수 있다. 이렇듯 최고의 서비스업인데도 불구하고 대학을 나오든 나오지 않든 식당에서 일한다는 것만으로 제대로 된 직장이라 말하지 못하는 게 현실이다.

직원들이 칭찬하는 식당을 만들어라. 직원들은 내부의 고객이다. 단순한 식당이 아닌 '외식업 기업'이라는 곳에서 정직원으로 일하는 경험을 하게 하라. 직원들은 제2의 영업사원이다. 직원들에게 항상 깨끗한 주방을 유지하게끔 교육해야 한다. 항상 청결한 곳에서 청결한 음식을 만들게 하라. 손님들에게는 항상 미소 짓고 예의 바르며 마음가짐을 바로 할 수 있도록 하라. 직원들이 퇴사를 하고 다른 곳으로 이직을 해도 그 식당은 깨끗하고 맛있고, 친절한 식당으로 인식되어 자랑하며 다닐 것이다. 아르바이트를 하던 학생들이 어른이 되면 고객으로 거듭나 새로운 고객을 창출하는 영업사원이 될 것이다. 그 아르바이트생들에게 서비스를 받았던 고객들은 1대, 2대, 3대까지도 직원들의 서비스와 음식의 청결함 때문에 끌리게 될 것이다.

사람은 누구나 장점 하나씩은 갖고 있기 마련이다

청소 사업을 하기까지, 외식업 청소의 전문가가 되기까지 해충방제 회사 생활은 나에게 전환점이자 큰 서포터가 되어주었다. 해충을 몰랐다면 외식업의 이러한 실태를 몸소 겪어보지 못했을 것이다.

벌레를 잡으면서, 쥐를 잡으면서 수많은 사람들과 부딪히고 수많은 위생 상태를 체험하면서 느끼고 실천했던 것들이 이제는 나의 자산이 되었다. 바퀴벌레를 잡기 위해 약이 아닌 청소를 택했고, 청소하기 위해 빗자루를 들고 물 호스를 들고 수세미를 들어야 했다. 쥐를 잡기 위해 구멍을 막고 청소했다. 이 모든 과정과 역경 속에서 청소라는 하나의 아이템을 찾았고 지금 그 일을 하고 있다. 청소라는 것이 때로는 사람들에게 천하거나 미약한 직업으로 인식이 되지만 나에게는 가정의 생계를 책임지는 직업이고, 앞으로 외식업 문화의 위생 발전에 기여하는 아주 큰 사업이 될 것이다.

현재 우리나라의 외식업 비중은 방대하리만큼 커지고 있다. 지구는 점점 온난화되어가고 있고 해충들은 진화하며 점점 더 늘어난다. 아열대 기후가 되면 외식업의 주방은 지금보다 더한 해충의 천국이 될 것이다. 지금보다 몇 배 많은 해충의 종류가 생길 것이고 그에 따른 살충제는 더더욱 발전하며 많아질 것이다.

외식업에서 제일 중요한 것은 청결이다. 첫째도, 둘째도 청결이다. 해충이 살지 못하는 환경을 만들지 않는 한 해충은 사라지지 않는다. 해충이 살 수 없는 환경을 만드는 것이 바로 주방 청소의 핵심이다. 외식업의 주방 청소는 아무리 강조해도 지나치지 않는다. 해충 때문만이 아니다. 청결에 부합하는 행동과 절차가 필요하다. 청소는 기본적으로 매일 해야 한다. 하지만 애석하게도 우리는 청소에 익숙하지 않다. 아니, 매출을 올리기에만 급급한 나머지 본분을 잊고 산다.

수억만 년 전에도 해충은 살았다. 지금 핵폭탄이 터진다 할지라도 해충은 살아남는다. 해충으로부터 자유로워질 수는 없다. 해충으로 인한 질병과 공포에서 벗어나는 길은 해충이 살 수 없는 환경을 만들고 유지하는 것이다.

음식점 위생 분량에 대한 기사는 수시로 쏟아지고 있다. 음식을 제고

하는 공장에서도 매일 같은 뉴스가 나온다. 이런 문제가 계속적으로 반복되는 이유가 무엇일까? 바로 위생 불량이 적발되어도 조치가 미흡하기 때문이다. 당한 사람들만 억울할 뿐이다. 하지만 이제 시대가 바뀌었다. 음식점 위생 불량으로 적발이 되면 과태료나 영업 정지로 끝날지 모르지만 SNS 세상에서 손님보다 무서운 건 없다. 음식점에서 음식을 먹다가 벌레가 나오거나 머리카락이 나오면 손님들은 배신감을 느낀다. 배신감을 느낀다는 것은 자존심을 건드렸다는 것이다.

자존심을 건드린 것은 도전이라는 의미, 바로 복수에 들어간다. 무언의 복수! 스마트폰을 들고 음식의 이물질을 촬영해서 바로 SNS에 올린다. 페이스북, 인스타그램, 유튜브로 1초 만에 전 세계로 퍼져 나간다. 이런 사건을 즐기는 네티즌들은 바로 신상 파헤치기에 돌입한다. 하루 정도면 업장의 위치와 모든 정보가 SNS에 도배된다. 문제는 관할 지역의 구청이나 동사무소에서 알게 되면 지역에 대한 안 좋은 소문이 더 퍼지기 전에 입막음을 하려 한다. 곧 업장에 대한 위생 검열이 실시되고 그에 따른 처벌을 한다. 더 큰 문제는 한 업장 때문에 그 지역의 동종 업장을 모두 위생 검열 하는 사태가 벌어진다는 것이다. 우리나라의 보편적인 사건 처리 방식이다. 이로 인해 피해를 보는 업장이 적지 않다. 괜히 잘되는 식당에도 피해를 주는 셈이다. 과연 문제를 일으킨 업장은 그 지역에서 살아남을 수 있을까? 영업정지 기간에 다른 지역으로 이전하거나 아예 폐업하는 경우가 대부분이다.

위와 같은 일을 반대로 생각하면 상황은 180도 달라진다. 보지 않고도 판단하는 우리나라 사람들만의 초능력이 있다면 그렇게 느끼게

끔 만들어주면 되는 것이다. 주방을 항상 청결하게 청소하고 해충으로부터 안전할 수 있도록 장치를 마련하고 관리를 받으면 되는 것이다. 손님들이 편안하고 즐겁게 식사할 수 있도록 직원들에게 친절 봉사를 교육하고, 깨끗한 인테리어에 아름다운 음악이 흐르는 분위기를 조성해야 한다. 모든 음식은 깨끗하고 청결하게 나와야 하고 물론 맛도 있어야 한다. 이 경우 손님들의 반응은 어떨까? 위와 똑같이 음식의 사진을 찍고 SNS로 퍼트리지만 이번에는 '맛집'으로 등극한다.

맛집이 되는 순간부터 눈으로 확인할 수 없는 주방의 위생도 깨끗하다고 여기게 된다. 사람들이 줄을 서는 맛집, 깨끗한 식당으로 업그레이드되는 것이다. 하지만 눈에 보이는 가식적인 서비스만으로는 절대 고객을 만족시킬 수 없다. 반드시 눈에 보이지 않는 주방의 상태가 청결하게 유지되어야 한다. 매일매일 직원들이 솔선해 주방 청소와 위생 관리를 해야 하며, 매월 전문가의 위생 관리가 필요하다. 직원들이 할 수 없는 하수구, 트랜치, 그리스트랩의 청소와 주방 구석구석의 쓰레기를 청소하고 관리하는 시스템이 필요한 것이다. 직원들의 청소에는 한계가 있다. 전문가의 손길이 가야 하는 곳! 주방 위생 청소의 핵심이다.

'외식업장의 주방 청소로 해충까지 박멸하겠다'는 열망을 품고 있던 나는 어느새 코스원이라는 회사의 대표가 되어 '벌레 잡는 청소 연구소', 'CDH 청소법'이라는 타이틀을 가지고 외식업 위생의 중요성을 알리고 전파하는 사람이 되었다. 막연히 한 가정의 가장으로서 가족들의 하루 세끼를 책임져야겠다는 나의 일관된 생각이 이루어낸 성과다. 누구나 시작은 힘들다. 나 역시 그랬다. 사업에서 제일 중요한 것은 영업. 영업이 되지 않으면 아무리 좋은 상품과 콘텐츠가 있더라도 아무 소용이 없다는 것을 깨달았다.

처음부터 청소업을 하고 싶어서 시작하는 사람은 없다. 우연히 청소라는 사업에 뛰어드는 경우가 훨씬 많다. 학창 시절 아르바이트를 하다가 청소에 흥미를 느껴 대학을 포기하고 청소업에 뛰어들어 지금은 가맹점 열 개 이상을 가지고 있는 사람도 있다. 이는 자기 성격에 맞는 일을 찾아 경험을 통해 쌓은 지식을 바탕으로 공부하고 연구해서 일으킨 결과라고 할 수 있다.

사람들은 누구나 자기만의 장점을 하나씩은 갖고 있다. 나의 장점을 찾아 그것을 연마하고 내 것으로 만드는 것보다 더 좋은 일은 세상에 없다. 그런데도 사람들은 자기와 정반대되는 이들을 더 좇아가려 한다. 자신에게 맞지도 않고 자신이 잘하지도 못하는데 잘되는 것만 찾아다닌다. 나만의 장점, 나만의 노하우를 잘 생각해보면 어떤 것이든 하나는 발견할 수 있다. 나의 장점을 발견하는 순간 그 능력을 키우고 독보적인 전문가로 거듭나게 될 것이다.

필자는 지금 세상의 변화와 그 변화의 흐름에 발맞추어 나갈 방법들을 연구해가며 성공적인 미래를 그리고 있다. 그리고 그 연구 결과들을 창업자들이나 외식업 사업주들과 공유하려 한다. 단지 주방 청소를 하는 데 그치지 않고 그로 인한 수많은 효과와 매출 증대에 도움을 줄 수 있는 방향을 제시함으로써 지금보다 더 나은 미래를 설계해줄 것이다. 창업주나 사업주는 이러한 사람들을 찾을 것이고, 같이 성장해나갈 사람들을 찾기 위해 만든 것이 바로 '벌레 잡는 청소 연구소'다.

'벌레 잡는 청소 연구소'는 나와 같은 뜻을 가진 모든 이들이 바라는 인생을 현실화시키는 공간이 될 것이다. 소자본 청소 창업자든 요식업 사업장 오너든 간에 작게나마 도움이 되는 공간이 되도록 할 것이다. 나아가 외식업계의 변화와 성장에 이바지할 수 있다면 더 바랄 게 없다.

"대한민국의 식당 위생은 세계 최고야!"

외국인들에게 대한민국 식당은 안전한 식당이라는 인식이 자리 잡을 때까지 나의 노력은 계속될 것이다.

PART 10

세상의 모든 여자아이는 예쁠 권리가 있다

송지연

댄스로 여아의 예쁜 성장을 돕는 '예쁘다키즈스쿨' 대표

현명한 사람은 기회를 찾지 않고, 기회를 창조한다.
-프랜시스 베이컨

모든 부모들은 자녀가 나보다 더 나은 삶을 살기를 바란다. 그리고 이를 위해 어떻게 해줘야 할지를 항상 고민한다. 그런 고민은 아이가 세상에 태어나기 전부터 시작된다. 임신한 순간부터 모든 엄마들은 좋은 것을 먹고, 좋은 것만 보려고 한다. 좋은 것만 주고 싶은 부모의 마음이 그 순간부터 시작되는 것이다. 그런데 요즘 태교를 한다며 수학 공부, 영어 공부를 하는 엄마들도 늘고 있다. 왜 그런 것일까?

부모가 학교 다닐 때도 재미없어하던 영어, 수학 공부를 아이가 태어나기도 전인 배 속에서부터 하기를 바라는 것은 어쩌면 욕심 아닐까? 내가 못했으니 너는 잘해서 나보다 조금이라도 나은 삶을 살면 좋겠다는 욕심이 필자에게도 있었다. 아이의 의사와는 상관없이 눈만 뜨면 영어 DVD를 틀어놓고, 낮에도 TV 말고 영어 DVD를 틀어주고, 자기 전에는 꼭 책을 읽어줘야 한다는 강박관념 같은 게 있었다. 워킹맘이었기에 하루 종일 같이 놀아주지 못하는데 그렇게라도 하지 않으면 마치 엄마의 의무를 다하지 않는 것 같은 죄책감의 반영이었다. 사교육을 하지 않는 엄마의 불안함이 더해진 탓도 있었다.

낮에 일하고 퇴근 후 아이가 잠들기 전까지 책을 읽어주는 일이 쉽지만은 않았다. 눈이 자꾸 감겨 같은 줄을 몇 번씩 읽기도 했고 아이가 부르는 소리에 깨어 책을 읽어주기도 했다. 몸은 피곤했지만 이렇게 하면서 왠지 좋은 엄마가 된 듯 착각을 했던 것 같다. 하지만 둘째가 태어나고부터는 그것마저도 힘들었다. 너무 힘들어하는 내게 남편은 좀 내려놓으라고 말했다. 그렇게 하지 않아도 아이는 행복하게 잘 클 거라고 말이다. 내려놓기까지 시간이 좀 걸리긴 했지만 아이가 정말 원하는 것이 무엇일까를 생각하며 지금도 아이들에게 배우고, 아이들과 이야기하며 하루하루 어떻게 하면 더 행복할까를 생각한다.

직업의 특성상 다양한 연령층의 수많은 여성들을 만나왔다. 그중에는 나와 같은 고민을 하고 나와 같은 시행착오를 겪는 이들도 많았다. 아직 육아를 끝낸 건 아니지만 내려놓음을 경험한 엄마로서 반드시 기억했으면 하는 한 가지는 '엄마가 행복해야 아이가 행복하다'는 것이다. 특히 딸을 키우는 입장이라면 딸이 어떻게 해야 더 행복할지, 앞으로 더 행복한 삶을 살 수 있을지를 생각해보기 바란다.

부모님의 사랑으로 늘 인정받는 예쁜 아이로 자라나다

'파란 나라를 보았니 꿈과 사랑이 가득한, 파란 나라를 보았니 천사들

이 사는 나라!'

한 초등학교 운동장. 전교생 앞에서 즐겁게 춤추고 있는 어린 소녀. 주위에서는 웅성웅성, "쟤 누구니? 누구 딸이야?"라고 말했고 그날 딸의 그런 모습을 처음 본 엄마는 다른 엄마들에게 많은 질문을 받았다.

수줍음이 많아 발표를 잘하지는 못했지만 많은 사람들 앞에서 춤추는 것은 즐거웠다. 초등학교 시절을 멋지게 보내기 시작한 것은 초등학교 2학년 때부터였다. 당시 담임선생님이 나를 굉장히 예뻐해주셔서 얼떨결에 반장이 되었는데 그 덕분에 초등학교 내내 반장을, 6학년 땐 전교 회장을 했다. 집안 형편이 좋지 않아 매일같이 일하시느라 학교에 오지 않으셨던 엄마는 내가 회장이 되었다는 사실에 너무나 놀라셨다. '반장은 해도 전교 회장 같은 것은 맡아오지 말라'고 말씀하시려던 그날 내가 회장이 되었다고 말했기 때문이다.

2학년 1학기가 끝나고 방학식 날, 다른 반 아이들이 다들 손에 뭔가를 들고 나왔다. 알고 보니 반장 엄마들이 선물해준 것이었다. 학교에도 전혀 안 오시고, 다른 엄마들과 연락도 안 하셨던 엄마는 그 당시 반장 엄마들이 방학 때 같은 반 아이들에게 빵과 음료수 등의 선물을 주는 것을 알지 못하셨다. 그래서 2학기 시작 때 반 아이들에게 소보로빵과 선물을 보내셨다. 나는 기억이 없지만 엄마는 당시 너무 미안해서 우셨다고 한다. 30년이 지난 지금까지도 소보로빵을 보면 그 이야기를 하실 정도다.

선생님은 그 당시 걸스카우트를 담당하고 계셨는데, 3학년부터 가입 가능한 걸스카우트의 행사 때마다 2학년인 나도 항상 데리고 다니셨다. 그때부터 선생님들 심부름도 많이 하였고 모든 선생님들과 많은 친구들이 나를 알게 되었다. 초등학교 6학년 때 '명상의 시간'이라는 조회 시간에는 전교생에게 좋은 글을 읽어주는 방송을 하기도 했다. 이 모두가 선생님들이 나를 예쁘게 봐주셨기 때문인 것 같다. 엄마는 6학년 때까지도 학교에 몇 번 오지 않으셨으니까. 공부도 보통이었고 발표도 잘하지는 못했지만, 춤을 추는 것이나 피아노를 치는 것처럼 자신 있는 것은 친구들 앞에서 하는 것이 좋았다. 친구들은 그런 나를 좋아해주었고, 인기투표에서도 항상 1등이었다.

워킹맘이었던 엄마는 나를 항상 예쁘게 입혀서 밖에 내보내셨다. 면 티셔츠도 다려 입히고, 원피스도 빳빳하게 풀 먹여서 다려 입히고, 머리도 항상 긴 머리를 이리저리 예쁘게 묶어주셨다. 생일에는 다른 반 친구들도 모두 우리 집에 오고 싶어 했다. 좁은 집이었지만 엄마는 아이들이 좋아하는 음식을 해주셨고, 집에 풍선을 달아두었다가 돌아가는 아이들에게 선물로 나눠주셨다. 요즘 엄마들이 하고 있는 그것을 30년 전, 엄마는 나에게 해주셨다. 지금의 나보다 어렸던 그때의 엄마가 그렇게 나를 많이 사랑해주셨다는 걸 두 아이를 키우는 이제야 더 많이 생각하게 된다.

아빠도 요즘 말로 완벽한 딸 바보셨다. 외동딸이었기에 부모님께 사랑을 더 많이 받았는지 모르겠지만, 그 당시 아빠와 친하게 지내는 나를 친구들은 이상하게 볼 정도였다. 학교에서 가족신문이라는 것을 매달 해야 했는데, 건축 일을 하시고 성격이 꼼꼼하신 아빠가 항상 최고로 만들어주셔서 나의 가족신문은 매달 교실 뒤에 걸려 있었다. 그것이 늘 자랑스러웠다. 지금은 나에게 해주셨던 것을 내 아이들에게 해주시는 최고로 인기 많은 할아버지가 되셨지만, 아이들과 놀아주는 아빠의 모습에서 어린 나와 젊은 아빠가 보이기도 한다.

가정 형편이 넉넉하진 않았지만 부모님은 내가 하고 싶다는 건 뭐든 다 하게 해주셨다. 항상 최고로 사주셨고, 피아노 빼고는 갖고 싶은 것을 다 가졌던 것 같다. 그래서인지 나를 엄청 부잣집 딸이라고 생각하는 친구들도 많았다. 부모님은 항상 "너는 뭐든 할 수 있다. 잘한다. 예쁘다"라고 이야기해주셨다. 밖에서 예쁘다는 이야기를 많이 듣고, 자신감 있고 당당할 수 있었던 이유는 부모님의 사랑과 긍정적인 언어가 내 안에 가득해 다른 사람들도 이를 느꼈던 게 아닌가 싶다.

"중학교 가서는 임원 같은 거 맡지 마. 초등학교보다 돈도 많이 든다는데 우리는 그럴 형편이 안 된다."

그 말을 가슴에 새기며 중학교에 입학했다. 어떤 기준이었는지 모르겠지만 나는 반장 후보에 올랐고 기권을 했다. 어쩌면 그때부터 평범한 아이, 학교에서 티 안 나는 아이, 있는지 없는지도 모를 그런 아이가 된 것 같다.

초등학교 때 모든 사람이 다 알던 아이에서 평범한 아이가 되니 뭔가 기분이 이상하기도 했다. 하지만 집안 사정을 잘 알았고 부모님께 걱정을 끼치고 싶지 않았기에 그 생활에 적응했다. 평범한 여중생으로 살던 중학교 3학년 때 만화책에 빠지게 되었다. 그 당시 책 빌려주는 곳이 있었는데 매일 대여해서 볼 정도로 너무 좋아했다. 그렇게 좋아하던 만화책도 딱 1년, 원 없이 보고 나니 그 뒤론 안 보게 되었다. 1, 2학년 때 성적도 보통이었는데 고등학교 입학시험에서는 거의 만점을 받았다. 만화책으로 스트레스를 풀어서 그런지 힘들었던 기억은 없다.

고등학교 때도 춤추는 것을 좋아했다. 입학시험 성적이 좋아 처음에는 선생님들께 주목을 받았지만, 당연히 고등학교 때도 임원은 생각지 않았다. 있는 듯 없는 듯 말썽 안 부리고, 튀지 않게 공부도 보통으로 하며 고등학교 3년을 보냈다. 그때는 친구들과 노는 게 너무 좋았다. 마음 맞는 친구 몇 명과 음악 방송을 녹화해서 보며 같이 연습도 하고, 학교 치어리더로도 활동했다. 그 당시 누군가 꿈을 물으면 여학생들이 가장 많이 하던 대답인 '선생님'이라고 말했다. 그저 막연한 생각이었고, 대학 진학을 위해 전공을 결정할 때 아이들을 좋아해서 유아교육과를 선택했다.

대학을 들어가면서부터는 부모님께 용돈을 전혀 받지 않았다. 집안 형편이 넉넉하지 않다는 것을 알았기에 등록금까지는 못 내도 용돈은 받지 말자고 생각해서 주말마다 아르바이트를 했다. 학교 끝나고 저녁에 커피숍, 음식점 등에서 아르바이트를 하고, 방학 때도 쉬지 않고 에버랜드에서 아르바이트를 했다. 친구들이 '알바소녀'라고 부를 정도였다. 대학 동안 아르바이트를 하며 돈을 벌어서 부모님께 선물도 사드리고 먹고 싶은 것, 사고 싶은 것도 스스로 사며 지냈다.

그렇게 대학 생활을 하던 2002년, 운명처럼 밸리댄스를 알게 되었다. 방송에서 보자마자 당장 시작했다. 그 당시에는 우리나라에 밸리댄스를 하는 사람이 거의 없었기에 학교 친구들은 모두 나를 신기하게 생각했고, 몸 쓰는 직업은 힘들다며 친척들 모두 반대했다. 부모님도 반대하셔서 아르바이트로 번 돈으로 취미반에 등록해 일주일에 한 번 다니며 인터넷으로 관련된 것들을 찾아보면서 혼자 꿈을 키워나갔다.

부모님이 원하셔서 졸업 후 유치원에 취업도 해봤지만 행복하지 않았다. 결국 유치원에 사직서를 내고 부모님께 이야기했더니 그때는 더 이상 말리지 못하셨다. 물론 지금까지 그때의 선택을 한 번도 후회한 적은 없다.

나를 통해 긍정적인 변화를 경험한 이들

직업의 특성상 많은 여성들을 만나고 인생의 반 이상을 여자들과만 생활했다. 정확히 말하자면 중학교 때 1, 2학년은 남녀 합반이었지만 3학년부터는 남녀 다른 반이었고, 고등학교도 여고, 대학도 유아교육학과였기 때문에 과에 남학생은 한 명뿐이었다. 대학 때부터 밸리댄스를 시작했고 졸업 후 유치원에서 일할 때에도 여선생님들과, 이 일을 직업으로 선택하고 지금도 주로 여성들과 같이 일하고 있다. 그러면서 느낀 점은, 나를 비롯하여 모든 여자는 '나이, 직업, 능력 모든 것과 상관없이 예뻐지고 싶어 한다'는 것이다. 살이 빠지면 피부가 좋아졌으면 하고, 피부가 좋아지면 머릿결도 좋아졌으면 하는 등 예뻐지고 싶은 욕구는 끝이 없다.

특히 나에게 배우러 오는 수강생 중 90% 이상은 다이어트가 목적이다. 그러다 보니 자연스럽게 '어떻게 하면 더 많은 효과를 볼 수 있을까?'를 항상 고민한다. 나는 밸리댄스도 좋아하지만, 운동이나 요가 등 몸을 움직여서 하는 것을 좋아하다 보니 수강생들에게도 많은 것을 일러

주기 위해 노력한다. 지금은 한겨울에도 땀을 흘릴 정도로 운동량이 많은 수업을 진행한다. 다른 곳에서 배우다 온 분들은 이렇게 운동이 많이 되는지 몰랐다며 첫날은 힘들어하지만 점점 체력도 좋아지고, 살도 빠지는 경험을 하면서 너무 좋아한다.

한번은 고등학교 3학년 학생이 전공을 하고 싶다며 어머님과 함께 찾아왔다. 그때가 여름이었고, 전공을 하기에는 다소 통통한 체형이었다. 춤 실력을 떠나 무용과에 입학하기에는 무리였다. 모두 솔직하게 이야기하고 나와의 약속을 잘 지킬 수 있는지부터 물었다. 본인의 의지가 확고했기에 한번 해보자는 생각으로 시작했다.

일단 다이어트가 시급해 한 달 동안 수업 외의 시간에도 매일 나와서 아침부터 저녁까지 연습하고, 식단도 다이어트식으로 바꿔 매번 확인해가며 진행했다. 그 결과 불과 한 달 만에 10kg을 감량했다. 힘들었겠지만 잘 따라와준 것도 대견하고, 결과도 만족할 정도여서 너무 기뻤다. 그때부터 실력 향상을 위해 노력했고, 전공 학과에 당당히 입학하여 각종 대회에 나가 상도 받고, 공연 무대도 서게 되었다.

한번은 말투가 조금 독특한 어느 여성이 상담을 하러 왔다. 중국분이신가 했는데 알고 보니 새터민이었다. 기초반을 3개월 하고, 더 많이 배우려면 어떻게 해야 하는지 묻기에 전문가 과정이 있다고 말씀드렸더니 왜 진작 말하지 않았느냐며 갑자기 화를 냈다. 보통 상담 시 전문가 과정을 먼저 말하지는 않는다. 저렴한 비용이 아니기에 누군가에게는 부담이 될 수도 있고, 나에게 맞는지 아닌지를 먼저 확인해보고 전문가 과정에 대해서는 추후 판단하는 것이 맞는다고 생각해서다.

이분의 나이는 40대 중반으로 주위에 날씬한 여동생들이 많아서 항상 다이어트 약을 먹고, 이것저것 많은 다이어트를 시도했는데 효과를 못 봤다고 했다. 그런데 수업을 시작하고 나서 가장 큰 효과를 봤다며 굉장히 만족스러워했다. 일주일에 한 번씩은 전신마사지를 받으러 가서 몸을 풀어주었는데 이제는 그럴 필요가 없어졌다며 좋아했다. 성격도 너무 밝아지고, 외모도 예뻐져서 특히 남편이 너무 좋아한다며 부부 사이까지 좋아졌다고 했다. 이처럼 많은 분들이 나를 만나면서 더욱 즐겁고 건강한 삶을 살게 되어 나 또한 감사하다.

필자는 지금까지 10년 넘게 한곳에서 아카데미를 운영하고 있다. 처음 시작 때부터 학원이 있는 지역구에서 자원봉사단체에 가입해 다양한 봉사활동도 하고, 구 체육회에도 등록해 대회와 행사도 함께 하는 중이다. 그러던 중 우리 프로그램이 아이들에게 좋을 것 같다는 제안이 들어와 토요일마다 아이들에게 구 체육회와 함께 수업을 진행하고 있다. 아이들도 당연히 좋아하고, 엄마들 사이에서도 소문이 나 매번 가장 빨리 마감이 되고 있다. 내년에는 수업 시간을 더 늘려 더 많은 아이들에게 혜택을 줄 계획이다.

17년 동안 많은 여성들의 다이어트를 도와주면서 한 가지 공통점을 발견했다. 나이가 30대이건, 50대이건 모두 같은 말을 했다.

"이렇게 좋은 걸 조금 더 일찍 시작했으면 좋았을 텐데."

심지어 20대도, 10대도 이런 말을 하는 것을 보고 놀랍기도 하고 신기하기도 했다. 물론 "지금부터 시작하셔도 늦지 않습니다. 늦었다고 생각할 때가 가장 빠른 때입니다"라고 말하기는 하지만, 성인 여성의 경우 살을 빼줄 수는 있어도 키를 크게 할 수는 없고 이미 굳어버린 체형을 바로잡기는 힘들기 때문에 '정말 어릴 때부터 시작하면 더 좋긴 하겠다'는 생각도 든다. 어렸을 때 시작한 아이들이 예쁘게 자란 모습을 보면 더 확신이 든다. 어릴 때부터 바른 운동 습관과 음식 습관을 갖는다면 성인이 되어서도 자연스럽게 몸에 배게 되고, 키가 크는 시기에 적절한 자극을 주면 키도 더 크고 체형도 바르게 되기 때문이다.

더불어 춤을 추며 자연스럽게 운동을 하면 다이어트는 저절로 될 테고, 자신감이 생기고 성격이 밝아지면 친구들 사이에서도 인기가 많아질 것이다. 예쁜 모습으로 무대에 서서 많은 사람들의 박수와 환호를 받아보면 자존감도 높아지게 된다. 항상 '예쁘다'는 말과 '잘한다'는 칭찬을 듣는다면 밝게 자라게 될 것이고, 결국 긍정적인 어른으로 자라게 될 것이다. 아직 다섯 살이지만 내 딸도 이렇게 자랐으면 좋겠다. 아들만 키울 때에는 크게 와 닿지 않았는데 둘째인 딸이 조금씩 자라면서 '예쁘게 키우고 싶다'는 생각이 든다. 외모만 예쁜 인형 같은 아이가 아니라 자신감 있고, 자존감 높은 긍정적인 딸로 키우고 싶다. 이런 엄마의 마음으로 '예쁘다키즈스쿨'을 시작하게 되었다.

국내 최초의 여자아이 전문 성장코칭 프로그램, '예쁘다키즈스쿨'

'예쁘다키즈스쿨'은 국내 최초의 여자아이 전문 성장코칭 프로그램으로, '예쁜 여자는 예쁜 아이에서 시작된다'는 사명으로 어렸을 때부터 '바른 체형, 키 성장, 다이어트, 성조숙증, 자신감, 자존감이 높은 딸아이'로 성장하게 도움을 주는 곳이다. "어디서든 Yes! 누구에게든 Yes!"

라는 긍정적인 슬로건 아래, 긍정적인 아이들을 위하는 마음을 바탕으로 한다.

10여 년 전 수줍음이 너무 많아 고민이라는 딸아이를 데리고 한 어머님이 찾아왔다. 딱 봐도 예쁘장한 얼굴에, 상담하는 내내 엄마 뒤에 숨어 있던 부끄러움 많은 초등학교 3학년 수지(가명). 어머님은 학교에서 선생님이 질문만 해도 운다면서 성격이 너무 소심해 걱정이라며 잘하는 특기가 하나 있으면 좋아지지 않을까 싶어 찾아온 것이었다. 그룹레슨은 적응을 못할 것 같다며 개인레슨을 원했다. 그때부터 매일 1:1 레슨으로 기초부터 시작했다. 안 되면 될 때까지 시키는 나의 수업 스타일이 어린아이에게 힘들 법도 했을 텐데 한 번도 힘든 내색을 한 적이 없었다. 오늘 수업 시간에 안 된 것은 집에 가서 연습해오라고 하면 내일 꼭 연습을 해왔다. 실력은 말할 것도 없이 빠르게 늘었다. 기초를 끝내고 작품을 시작했을 땐 웬만한 성인들보다 잘했다. 어린아이가 춤추는 것만으로도 예쁜데 잘하기까지 하니 그 당시 학원에서 모든 수강생들의 예쁨을 독차지했다. 보는 사람마다 예쁘다, 잘한다고 이야기해주니 아이의 표정도 조금씩 밝아졌다.

수줍음이 많은 것이 고민이라고 해서 자신감을 갖게 해주기 위해 공연에 세워보기로 했다. 첫 무대가 정기 공연이라 300명쯤 되는 관객 앞에서 춤을 추어야 했는데 너무 잘해냈다. 항상 느끼는 거지만 연습에는 장사가 없다. 다만 한 가지, 맨발로 춤을 추어야 하는데 다들 바빠서 챙기지 못해 신발을 신고 무대에 나가버린 것이 실수였다. 모두 무대에서 알았다. 그래도 춤은 누구보다 잘 추었다. 그때부터 큰 공연, 작은 공연 할 것 없이 모든 무대에 함께했다.

워킹맘이면서 세 아이의 엄마인 수지 어머님도 응원을 하기 위해 공연에는 늘 함께해주었다. 둘째라 오빠와 동생 없이 엄마와 함께하는 시간이, 엄마의 응원이 수지를 더 행복하게 해준 것은 아니었을까 생각해본다.

몇 년 뒤 어머님께 들어보니 초반에는 집에서 울면서 연습하기도 했다고 한다. 힘들면 그만 다니라고 했지만 계속하고 싶다며 집에서도 연습을 매일 했다고 한다. 그렇게 기본기를 탄탄히 다진 아이는 주위 사람들의 많은 사랑을 받으며 예쁜 무용수로 자랐다. 학교에서도 조금씩 변화가 생기기 시작했다. 3학년 초까지만 해도 수줍음이 많았던 아이가 학기 말 발표회 때 친구들 앞에서 멋지게 특기를 선보이고, 학년이 바뀔 때마다 선생님들의 주목을 받는 아이가 되었다. 걸스카우트에서 여행을 가서도 장기자랑에 나가 전교에서 모르는 아이가 없는, 친해지고 싶은, 인기 많은 아이가 되었다. 초등학교를 졸업할 때에는 전교생 앞에서 교장선생님께 상까지 받았다.

얼굴이야 원래 예뻤지만, 어렸을 때부터 무용을 해서인지 5, 6학년 때쯤엔 키도 많이 크고 몸매도 너무 예쁘게 자랐다. 무대에 설 때에는 화장을 하니 어른인 줄 아는 분들도 많았고, 공연 후 같이 사진을 찍자는 분들도 많았다. 이 아이는 어떻게 자랐을까? 특기로 안양예고에 입학해서 연기 공부를 했고, 지금도 대학에서 연기 전공을 하고 있다. 요즘은 대학 생활을 하느라 바빠서 함께 공연을 하지는 못하지만, 나의 공연에 항상 와서 '선생님 무대를 보는 내내 너무 설레었고, 다시 무대 서고 싶다'고 말하는 너무나 예쁜 새내기 대학생이 되었다.

지금은 수지의 동생을 가르치고 있다. 어머님은 수지가 무용을 전공하지는 않았지만 공부하느라 바빠지기 전인 초등학교 때 무용을 시킨 것이 아이에게 좋은 영향을 끼친 것 같다며 키도 크고 몸매도 여성스러워져서 너무 좋다고 하신다.

두 번째로 만난 아이도 초등학생이었다. 지은이(가명)의 엄마는 약사로 첫째를 서울대 약대에 보낸 열정 가득한 세 아이의 엄마이면서 워킹맘이었다. 엄마와 먼저 인연이 되었는데, 나에게 지도자반 수업을 듣고 자격증까지 취득하고 함께 공연도 할 정도로 밸리댄스를 너무 좋아하는 분이었다. 이번에도 둘째가 나에게 배웠다. 지은이 언니도 시키고 싶어 했지만 두세 달 하고는 나오지 않았다. 이 어머님은 정말 확고했다.

"여자는 예뻐야 한다. 아무리 공부를 잘해도 예뻐야 한다."

이 말이 맞고 틀리고를 떠나, 개인의 취향과 생각은 다 다르니 어떤 의견도 틀리지는 않다고 생각한다.

수줍음이 많았던 지은이는, 초등학교 때에는 친구들과 그룹으로 같이 와서 배우다가 중·고등학교 때에는 공부하느라 바빠 혼자 방학 때마다 와서 배웠다. 나에게 수업을 듣고 공연도 하고, 엄마와 둘이 모녀가 무대에 서는 특별한 경험도 했다. 수능이 끝난 후 살이 많이 쪘다며 대학에 입학하기 전까지 방학 동안 아침저녁으로 나와서 살을 빼기도 했다. 함께 공연하는 같은 팀원들에게 공연 당일 조용히 손수 만든 팔찌를 선물하고 수줍게 웃는 아이. 조용하지만 내면이 너무 꽉 찬 아이다.

현재 지은이의 키는 174cm. 언니는 보통인데 지은이의 키만 큰 이유가 초등학교 때부터 꾸준히 밸리댄스를 했기 때문인 것 같다고 어머님은 지금도 이야기한다. 어머님은 스튜어디스가 되었으면 했지만, 본인이 원하는 국문학과에 들어가 아름다운 문학소녀로 자란 지은이는 나에게 잊지 못할 손 편지를 주기도 했다.

"결혼하시기 전에도, 결혼하신 후에도 원장님은 참 아름다우신 것 같아요. 뭐라고 해야 할까요. 개화한 장미꽃에 보석 가루를 뿌린 것 같아요. 원장님처럼 아름다운 여자가 되고 싶은데 막상 뭔가를 하려고 하면 두려움과 의심이 생겨서 손을 놓게 돼요. 뭐, 이제는 그만두기로 했어요. 원장님을 동경하고 원장님께 수업 받는 것만으로도 만족하니까요. 진심으로 말하는 거니까 걱정하지 마세요. 춤을 추는 그 순간은 걱정과 고민으로부터 잠시 해방되고 온전히 음악의 흐름에 몸을 맡길 수 있으니까요."

많은 감사 인사와 편지를 받았지만, 문학도다운 가장 감성적인 편지로 내 마음을 흔들었다. 지난달에는 지은이가 공모전과 신춘문예에 당선되었다는 기쁜 소식을 전해주기도 했다. 또 좋은 소식이 있으면 연락드리겠다고, 선생님 제자라는 게 너무 좋다는 순수하고 맑은 아이. 좋아하는 일을 하니 요즘 더욱 신나는 지은이다.

앞에서도 언급했지만 모든 여성은 나이, 직업, 능력 모든 것과 상관없이 예뻐지고 싶어 한다. 하지만 어떻게 꾸며야 하는지 모르는 사람도 있고, 혼자서는 힘들어하는 사람도 있고, 본인이 예쁘다는 걸 모르는 사람도 있다. 찾아보면 모든 사람은 각자 예쁜 부분이 있다. 눈이 매력적인 사람도 있고, 웃는 모습이 예쁜 사람, 팔다리가 길어서 예쁘다거나, 허리선이 잘록하고 예쁘다거나, 다리가 곧고 예쁜 사람도 있다. 선천적으로 예쁠 수도 있지만 살아가면서 예쁘게 가꾸어갈 수도 있다. 모든 여성이 예뻐졌으면 좋겠다. 인형 같은 외모를 말하는 것이 아니다. 연예인처럼, 모델처럼 예뻐지자는 것이 아니다. 다른 사람과의 비교가 아닌 어제의 나보다 예뻐지고, 어제의 나보다 건강해지고, 어제의 나보다 어려지는 것. 내가 생각하는 예뻐짐의 기준이다.

아이들이 자신감 있게 자라는 데 일조하는 멘토

흔들리는 남편과의 관계에 힘들어하던 50대 전업주부도 취미 생활을 하며 활력을 되찾고 외모를 가꿔 자신감이 생기면 남편과의 관계가 좋게 변하기도 한다. 이처럼 외적인 변화는 내적인 변화도 가져와 완전히 다른 삶을 살게 해준다. 이런 경험을 어렸을 때부터 한다면 어떻게 될까? 나에게 초등학교 때의 멋진 경험이 없었다면 어땠을까?

요즘 엄마들은 어렸을 때부터 아이들에게 공부를 지나치게 시킨다. 그런 아이들에게 휴식 시간을 주었으면 좋겠고, 나를 만나는 아이들이 모두 행복했으면 좋겠다. 아이가 어렸을 때부터 긍정의 말을 자꾸 해주고 할 수 있다, 뭐든 될 수 있다고 이야기해주었으면 좋겠다. 내가, 그리고 우리가 그렇게 해주었으면 한다.

'한 명의 진정한 스승이 아이의 인생을 바꾸어놓을 수 있다'는 사실을 믿는다. 부모님께 넘치도록 많은 사랑을 받았지만 학교에서 좋은 선생님을 만나지 못했다면 내가 초등학교 시절에 그런 멋진 경험들을 하지 못했을 테니까. 물론 진정한 스승은 학교 선생님이 될 수도 있고, 학교 밖의 다른 선생님이 될 수도 있을 것이다. 아이의 인생에 두 명의 스승이 있으면 성공한다. 그 첫 번째는 엄마, 아빠, 즉 부모님이 되어야 한다. 첫 번째 스승을 만나야 밖에 나가서 두 번째 스승을 만날 수 있다. 감사하게도 나는 두 명의 스승을 만났다. 나의 아이들에게도, 나를 만나는 아이들에게도 좋은 엄마, 좋은 스승이 되고 싶다.

모죽이라는 대나무는 씨를 뿌린 후 5년 동안 아무리 물을 주고 가꾸어도 싹이 나지 않는다고 한다. 하지만 5년이 지난 어느 날 손가락만 한 죽순이 돋아나 주 성장기가 되면 하루에 80cm씩 쑥쑥 자라기 시작해 30m까지 자란다. 5년 동안 숨죽인 듯 아래로 뿌리를 내리며 내실을 다지다가 5년 후 당당하게 세상에 모습을 드러내는 것이다. 6~13세야말로 그런 시기가 아닐까? 이때 아이들에게 적절한 자극을 주어 1cm에 멈출지 모르는 성장을 2~3cm 크게 도와주고, 어릴 때부터 바른 식습관과 운동 습관을 길러주어 성인이 되어서도 자기 관리를 하는 것이 힘들지 않은 여성이 되기를 바란다.

본격적으로 공부를 시작하기 전인 초등학교 때 잘 지원한다면 키가 쑥쑥 커 중·고등학교 때 공부하느라 살이 찌더라도 나중에 살만 빼면 된다. 그러면 성인이 되어서 키가 작아 고민하거나 체형 교정, 다리 교정을 고민하지 않아도 될 것이다. 여자아이라면 누구나 가고 싶어 하는 곳, 딸아이 엄마라면 모두가 보내고 싶어 하는 곳이 되어 더 많은 여자아이들에게 도움을 주고 싶다.

성조숙증으로 고민인 아이, 키가 작아 고민인 아이, 다이어트가 고민인 아이, 틀어진 체형이 고민인 아이, 소심해서 고민인 아이, 오빠가 있어서 여성적인 매력이 없을까봐 고민인 아이, 외동이라 친구들과 잘 지낼까 걱정되는 아이, 한 가지 특기를 갖고 싶어 하는 아이, 춤추는 걸 너무 좋아하는 아이, 아이돌이 꿈인 아이, 반에서 인기 많은 친구가 되고 싶은 아이 등을 돕고자 한다. '예쁘다키즈스쿨'의 지점을 전국적으로 만들어 우리나라의 모든 아이들이 예뻐지기를, 또한 해외에도 지점을 내서 멋진 프로그램을 널리 알리고 싶다.

한편 매력적인 여성 CEO들을 위한 모임도 계획 중이다. 여성 대표들이 더 예뻐지고 더 당당해진다면 회사에도 더 긍정적인 영향을 줄 것이다. 자연스럽게 좋은 인맥도 생기고, 스트레스도 긍정적으로 해소하며 멋진 취미를 갖고 인생 몸매, 인생 사진, 인생 영상을 남겨 여자로도, 한 회사의 대표로도 당당하고 행복한 삶을 살길 바란다.

마지막으로 희망한다. 아이든 어른이든, 주부든 직장인이든 대표든 모든 여성들이여, 예뻐져라!

PART 11

영업의 정석을 기반으로 부자의 정석을 꿈꾸다

황훈식

'베푸는 데 부족함이 없는 사람'을 지향하다

"내가 좋아하는 일이 뭔지 모르겠어요. 내가 잘하는 일이 뭔지 모르겠어요."

이는 학창 시절 가장 궁금했던 질문이자 코칭하면서 가장 많이 받는 질문이기도 하며, 성공하기 위해서 반드시 알아야 할 요소이기도 하다.

누구나 '의미 있는 인생과 물질적인 만족을 모두 누릴 수 있는 방법'에 대해 고민한다. 인생은 영어로 'LIFE(라이프)'다. 어떤 이들은 이를 'L(Live, 살다)과 E(END, 끝·죽음) 사이에 IF(만약), 수많은 상황들을 맞이하게 된다'고 해석하기도 한다.

살아가면서 우리는 끝없이 무언가를 선택하고 예기치 못한 상황을 맞이하게 된다. 그러다 인생을 마감하는 시점에 이르면 '나는 충분히 만족스러운 인생을 살았는가? 열린 마음으로 다른 이들을 사랑했는가? 스스로 가치 있는 존재라고 느끼는가?'와 같은 질문을 스스로에게 하게 된다고 한다. 그중에서도 '나는 충분히 만족스러운 인생을 살았는가?'에 대해 깊이 생각해보았다. 라이프 코칭을 하면서도 반드시 이 질문을 한다.

먼저 '과연 새로운 도전에 있어 실패를 두려워하지 않고 용기 있게 시도하며 살았는가? 큰 꿈을 품고 시간과 노력을 투자하였는가? 무엇보다 부모님이나 선생님, 친구나 배우자가 기대하는 바가 아닌 내가 진정으로 원하는 인생을 살았는가?'에 대해 돌아보라. 이 질문에 망설임 없이 '그렇다'고 대답할 수 없어 의기소침해지거나, 혹은 잘해왔는지 아닌지조차 알 수 없어 마음 아파할 수도 있다. 누구나 전혀 후회 없는 삶을 살 수는 없다. 그렇지만 최후를 후회를 가득 안고 맞이하느냐, 최소한의 후회를 가지느냐는 당신의 선택에 달려 있다.

작년에 필자는 열 가지 목표를 세웠다. 그중 일곱 번째는 '세바시(세상을 바꾸는 15분)'라는 프로그램에 출연하여 강연하는 것이었다. 매번 녹화가 있을 때마다 사람들이 어떻게 내용을 전달하는지 보기 위해 참석하던 중 관객 스피치(1.5분 동안 스피치) 코너를 알게 되었다. 이 코너에서는 지원자를 받았는데 필자가 어떤 내용을 전달해야 할지, 과연 내가 잘할 수 있을지 고민하며 망설이는 사이에 다른 지원자들이 손을 들었고 기회는 지나가버렸다.

시간이 지나자 두려움과 망설임의 감정은 사라지고 후회만 남았다. 두려움과 망설임은 잠시 머물렀지만 후회는 항상 따라다녔다. 그러다 보니 일에도 집중되지 않았고 자책이 이어졌다. 2주의 시간이 지나고 다시 '세바시' 녹화장에 가서 이번에는 꼭 지원하겠다고 마음먹고 손을 높이 들었다. 선택은 되지 않았지만 신기하게도 후회의 감정이 없어지기 시작했다. 한 달의 시간이 지나고 다시 도전한 끝에 성공하였고 그날 다섯 명의 연사들에게 극찬을 받기도 했다. 무언가 원하는 것이 있으면 실패를 하더라도 해보아야 한다. 그렇지 않으면 후회가 남는다. 반면에 시도를 하면 실패로 끝난다고 할지라도 그것이 자산이 된다. 성공의 반대말은 '실패'가 아닌 '포기'라는 말은 진리다.

흔히 부자가 되기 위해서는 '본인→귀인→행운' 순으로 비중이 커야 한다고 말하지만 부자들은 반대로 '행운→귀인→본인' 순서로 생각한다. 물이 끓기 위해서는 100도가 되어야 한다. 99도가 되어도 물은 끓지 않는다. 이처럼 본인만의 가치를 찾아야 한다. 자신의 능력이 뛰어나고 특별한 가치가 있어야 주변에 사람들이 모이고 귀인도 만나며 행운의 기회도 찾아오고 부자가 된다고 생각하기 쉽다. 하지만 부자들은 운이 찾아와야 주변에 사람들이 생긴다고 생각하며 자신의 능력과 가치의 비중은 크지 않다고 말한다. 대부분의 사람들이 운을 말 그대로 '기적, 우연히 찾아온 기회'라고 생각하지만 부자들은 이미 예고된 것이라 여기고 운을 더 크게 불리고자 노력한다. 이러한 능력만 있다면 '의미 있는 인생'과 '물질적인 만족'을 모두 누릴 수 있게 된다.

우리가 어떤 마음가짐과 생각을 가지고 있느냐에 따라 그 에너지는 발산된다. 능력을 키우고 습관을 만드는 데에는 60~100일이 걸린다는 연구 결과가 있다. 이렇듯 생각을 변화시키고 부정으로 쌓인 상태를 긍정으로 바꾸기 위해서는 최소 6개월이 걸린다. 가장 먼저 변화시켜야 하며 가장 중요한 부분이기도 하다. 자근자근 바꿔나가다 보면 새로운 세상이 눈앞에 펼쳐지는 것을 느끼게 될 것이다.

여전할 것인가? 역전할 것인가!

"군에 살아? 촌 동네 아니야?"

포항시에서 고등학교를 다니고 안동시에서 대학교를 다니던 때 경상북도 영덕군 영덕읍 남석리에서 살았기에 이런 말을 자주 들었다. 학교에서 집 주소를 써야 할 때나 학기 초에 친구들이 "집이 어디야?"라고 물을 때 지역이 '군'이었던 게 너무 싫었다. 그전까지는 크게 의식하지 않고 지냈지만 고등학교 이후 그런 이야기를 자주 듣다 보니 내 자식만큼은 더 넓은 세상에서 살게 하고 싶다는 생각이 들었다.

어떻게 하면 더 잘살 수 있는지, 부자에 대해 관심을 갖기 시작했고 촌놈이 대단하다는 걸 보여주고 싶었다. 그래서 안동대학교 제32대 총학생회 회장 후보에 지원했다. 선거 활동으로 100% 이행 가능한 공약을 내세우고, 딱딱하고 거리감 있는 학생회가 아니라 친근한 학생회 이미지를 보여주면서 투표자 6,500명 중 4,500여 명의 득표로 당당히 당선되었다. 하지만 임기가 시작되고 1년 계획을 짜고 있을 무렵, 2015년 학교 예산편성 회의 결과 학생회 예산의 30%를 차감하게 되어 큰 난관에 부딪히게 되었다.

임원들이 모여 '어떻게 하면 우리가 학우들의 복지를 향상시키고, 기억에 남을 1년이 되게 해줄 수 있을까?' 고민하다가 두 발로 더 뛰어다니는 수밖에 없다고 결론지었다. 이삿짐센터(학기 말 기숙사 학생들의 짐 옮겨주는 일), 물품 대여 사업(사기에는 아까운 물건 빌려주는 일), 택

배 보관(편의점에 보관 시 분실이 잦아 총학생회 사무실에서 대신 보관해주는 일), SNS 소통을 통해 학우들의 손과 발이 되어주었다. 이를 계기로 위기를 기회 삼아 거듭날 수 있는 임기응변의 능력과 소통의 중요성을 깨달은 것뿐만 아니라 촌놈이 대단하다는 것을 보여주었다.

대학생 시절, 부자들은 '자신이 원하는 일을 한다'는 사실을 알게 되었다. 그래서 하루빨리 내 일을 찾기로 마음먹었다. 4학년 무렵, 취업을 준비하는 동기들과 달리 내가 무엇을 좋아하고 잘하는지 찾기 위해 시간을 투자했다. 그러던 중 안동시에서 진행하는 김효석 아카데미 대표님의 초청 강연을 듣게 되었다.

첫 직장으로 보험회사에 수석 입사해서 6개월 만에 최고의 영업 실적을 올리고, 7년간 아나운서로 활동하다가 방송과 영업을 동시에 하는 쇼 호스트에 매력을 느껴 홈쇼핑에 뛰어들어 업계 최고 기록을 경신하셨다는 이야기를 듣고 꼭 하고 싶은 질문이 있었다. 필자가 강연 후 저자 사인회에서 "박사님은 어떻게 꿈을 찾으셨습니까?"라고 질문하자 "책을 통해서 알게 된 것 같다"고 대답해주셨다. 이후 아르바이트를 해서 번 돈의 대부분을 책을 구매하는 데 사용했다.

학창 시절 공부에도 큰 관심이 없었고 책만 보면 머리가 아팠는데 우연히 읽은 《데일 카네기의 인간관계론》은 나의 첫 책이자 인생의 터닝 포인트가 되어주었다. 책을 읽는 내내 행복감을 주었고 성장한 느낌을 받을 수 있었다. 이를 시작으로 가끔 책을 읽게 되었다. 대표님의 답변에 공감하며 더 많은 책을 읽었다. 하지만 책으로 메시지를 전달받는 것보다 저자를 특강에서 직접 만나야 더 깊은 이야기와 에너지를 얻을 수 있다는 것을 느끼고 세미나와 강연을 찾아다녔다.

아버지는 시설 관리 일을 하셨는데 그 피를 이어받아서인지 어릴 적부터 나는 기계 만지는 일을 하고 싶었고 잘하기도 했다. 그래서 한국폴리텍대학 산업설비학과에 입학해 목표한 바를 이루기 위해 1년간 열심히 노력한 끝에 산업안전기사, 특수용접기능사, 가스기능사를 취득했다. 하지만 취업 원서를 넣는 시즌이 되자 또다시 내가 이 일을 정말 좋아하고 잘하는지 고민이 되었다. 그때 교수님이 열심히 돈 벌어서 부동산 재테크를 하라고 이야기해주셨고 이것이야말로 부자가 되는 방법이라는 확신이 들었다. 이왕이면 오랜 시간을 들여 돈을 버는 것보다 부동산을 공부하며 돈을 버는 것이 빠르겠다는 생각에 부동산 분야에 원서를 넣었다. 사람 만나는 것을 좋아해서 영업 쪽에 지원을 하였고 발표가 난 후 바로 서울로 향했다.

인근 고시원을 잡아 생활을 하며 평균 아침 8시 30분부터 저녁 8시까지 TM을 했다. 종일 800~1,000통의 전화를 하고, 날씨가 좋은 날에는 오전에 실내에서 300통 정도를 하고 오후 1시부터 외부 영업을 했다. 외부 활동은 판촉물(물티슈, 각티슈 등)을 나눠주며 지나가는 30~50대 여성들을 홍보관에 오게 하는 일이었다. 처음에는 누가 관심이나 가질까 싶었는데 막상 해보니 오는 분들이 꽤 있었다. 열심히 노력한 결과 단기간에 과장으로 진급했지만 인간관계 문제로 갑작스레 일을 그만두게 되었다.

그 후 생계유지를 위해 아르바이트를 알아보다가 시급이 높은 막노동을 하게 되었다. 그런데 새벽 4시 30분까지 나오라는 말에 놀랄 수밖에 없었다. 서울에 일거리가 없어 경기도권으로 이동하다 보니 일찍 모이는 것이었다. 그렇게 돈을 벌면서도 책을 손에서 놓지 않았다. 비용을 아끼기 위해 도서관에 가서 읽고서 내용 정리를 하기도 했고, 정말 소장하고 싶은 책은 중고로 알아보고 사거나 없으면 서점에 가서 샀다. 그러던 어느 날 소장님이 수당을 두 배로 줄 테니 팀장으로서 팀원들을 데리고 현장을 나가보지 않겠느냐고 제안을 했다. 하지만 도저히 내키지가 않아 조금 더 다니다 일을 그만두었다.

기회를 알아채고 꽉 붙잡다

잠깐의 휴식기 동안 독서에 집중할 수 있었고 세미나와 강연을 더 들을 수 있었다. 이 기간에 길거리 노점이 눈에 들어와 시도를 해보기도 했다. 그전부터 관심을 갖고 있었던 터라 더 흥미가 생겼다. 어떤 물품을 팔지 생각하다 포항 바다에서 후배랑 언젠가 쥐포나 오징어 판매를 해보자는 계획을 세웠던 것이 떠올라 건어물을 팔아보기로 마음먹었다.

시장에 가서 건어물 가격을 알아본 다음 버너, 집게, 테이블을 구매해 하루 30~50만 원의 매출을 목표로 여의나루역에 자리를 잡았다. 그런데 다른 노점상들이 많아 판매에 집중을 할 수가 없었다. 결국 다른 장소를 고민하다 야구장이 적합하다는 생각이 들었다. 그래서 야구 경기가 있는 날을 알아보고 의지를 다지며 잠실 종합운동장역에 내렸다. 하지만 이미 수십 명의 상인들이 판매를 하고 있었고 허가를 받은 자리에서만 판매가 가능했다. 몰래 하려 했으나 자리를 펴기도 전에 순찰 중인 분에게 제지를 당했다.

생활비가 떨어질 무렵, S화재 금융체험단에 대한 정보를 알게 되었다. '금융에 대해 가르쳐주면서 교육비도 준다'는 말에 지원을 했다. 한 주 동안 공부하고 합격하여 세 달간 교육을 받았다. 금융에 대해 전반적으로 가르쳐주는 줄 알았는데 모두 보험 위주였다. 두 달 과정이 끝난 후 실무로 갈 건지 아닌지에 대해 조사를 하는데 보험회사 중 화재보다는 생명에 끌렸고, 업무 내용도 중요하지만 어떤 사람과 함께하느냐가 더 중요하다는 걸 알았기에 고민이 되었다. 회사별 특징도 알아보고, 현재 일하고 있는 지인들에게도 자문을 구한 끝에 친구의 지인과 함께하기로 결정했다.

○○생명에 다니며 'ROOKIE TOP 10(신인왕이라고 보면 된다)'에 선정되기도 했다. 그때 '과연 내가 다른 팀에 소속되었더라도 이루어낼 수 있었을까?'라는 생각이 들며 누구와 함께하느냐에 따라 발휘할 수 있는 역량의 차이가 크다는 걸 느낄 수 있었다. 보험 영업을 시작하며 다짐했던 건 '필요로 하는 사람들에게만 제안하자'는 것이었다. 아는 사람들 중 그런 이가 시간이 지나며 줄어드는 건 당연했다. 그래서 모르는 사람들 중에서 필요로 하는 사람을 찾기 시작하였지만 단기간에 성과를 내기는 무리였다. 그만큼 사람들 사이의 관계가 중요했다. 또 사람들이 상품을 잘 모르더라도 세일즈를 하는 사람을 보고 가입을 한다는 사실도 알게 되었다. 물론 주기적인 만남으로 관계를 쌓아나갔다면 가능성은 커졌을 것이다. 하지만 필자는 보험을 계속하기보다는 '1년만 집중하자'는 목표를 가지고 일했다.

보험 일을 하면서도 독서는 열심히 했고 강연도 꾸준히 다녔다. 당시 한 강연에서 책 선물을 받게 되었는데 《끌리는 사람은 매출이 다르다》였다. 책을 읽자마자 저자에 대해 알아보기 시작하였고 특강을 들을 수 있는 기회가 있는 걸 알고 바로 신청했다. 1:1 진단을 해주는 코칭도 있다기에 신청하고서 특강 날짜만을 기다렸다.

특강 당일, 설레는 마음으로 한국영업인협회를 찾아갔다. 그런데 뭔가 특강이라고 하기에는 썰렁한 분위기였다. 내가 날짜를 착각한 모양이었다. 그래도 다행히 코칭은 받을 수 있었다. 현재 상황에 대해 이야기를 하고서 다시 회장님과의 면담 일정을 잡았다.

면접 당일 20분 전에 미리 도착하여 책을 읽고 있었는데 면접 시간이 15분이나 지나도록 미팅이 이루어지지 않았다. 성공한 사람들은 시간을 금처럼 여긴다는데 이렇게 약속 시간을 어기다니, 점점 신뢰가 떨어지기 시작했다. 하지만 잠시 후 회장님과의 면접 결과는 놀라웠다. 첫 만남이었지만 몇 가지 질문을 통해 내가 원하는 것을 바로 알아채셨고, 어떤 방향으로 나아가야 할지에 대한 해결책도 그 자리에서 알려주셨다. '귀인을 만났다는 표현은 이럴 때 쓰는 것이구나' 하는 생각이 들었다. 장기적으로 바라보던 꿈을 가까이 둘 수 있게 되었고, 어떻게 하면 이룰 수 있는지에 대한 해답도 얻었던 소중한 시간이었다.

고등학교 때 수학을 잘하려면 《수학의 정석》을 공부해야 했듯이 영업을 잘하려면 《영업의 정석》을 꼭 읽어보기 바란다. 공부하는 만큼 시행착오를 줄일 수 있다. 실패할 확률도 줄일 수 있고 만약 실패하더라도 다시 성장할 수 있는 시간의 여유가 생긴다. 무작정 부딪혀서 몸으로 익히는 것 또한 장점이 있지만 기본을 배우고 시작하는 게 더 좋다. 공부하기 이전에는 늘 적자만 내곤 했었는데 책을 읽고 한국영업인협회에서 세일즈를 배우고 다시 도전해보니 확실히 달라졌다.

부평에서 여덟 명의 사장님들과 지하 매장을 공동 운영하면서 물건을 사입하는 것부터 시작해 매장 관리까지 모두 사장으로서의 마인드로 임했다. 여성의류, 남성의류, 양말, 가방 등을 판매하였는데 최고 일 매출 500만 원을 달성했고, 지금은 같이 하고 있지 않지만 운영하고 계신 사장님들은 몇 천만 원까지 달성했다.

자신감이 생겨 혼자 도전해보기로 마음먹고 양말을 도매로 구입하여 예전에 쥐포를 판매할 때 쓰던 테이블을 가지고 홍대 앞으로 향했다. 짐을 들고 어느 위치가 좋은지 보고 있을 때부터 주변 상인들의 눈초리가 느껴졌는데, 역시나 자리를 잡고 테이블을 펴자마자 어떤 상인이 다가와서 말을 걸었다.

"여기서 장사하시면 안 돼요. 다 자리가 있어요."

"자리가 어떻게 있어요?"

따져 물었지만 상인들은 구청이랑 싸워서 돈 내고 등록된 사람들만 판매가 가능하다고 했다. 예전 같았으면 물러섰겠지만 차분히 협회에 등록하려면 얼마가 들고 어떻게 하면 되느냐고 묻자 어쩔 줄 몰라 하며 자리를 떴다. 그날 두 시간 만에 20만 원의 수익을 만들었다. 이런 경험이 쌓이다 보니 점점 자신감이 생기기 시작했다.

영업의 정석을 실천하다

'베푸는 데 부족함이 없는 사람.'

이것이 나의 꿈이고, 나의 인생템이다. 힘들고 지친 사람들에게 위로가 될 수 있고, 더 나은 환경과 삶을 만들어주는 게 가장 큰 행복이다.

누군가에게 처음으로 물심양면으로 최대한 많은 도움을 주고 싶었지만 물질적인 어려움을 해결해줄 수가 없었다. 내 수입으로는 한계가 있었기에 더 큰 부를 창출하고 싶었다. 그래서 부자가 되는 방법을 연구하기 시작했다.

10여 년 동안 수천 명의 부자를 만나면서 '부자 지향적 환경, 인맥, 노하우, 행동, 습관' 등의 공통점을 발견했다. 이를 개개인에 맞게 코칭해주자 원하는 결과가 나타나 너무나 행복했다. 이것을 필자의 인생템으로 만들게 된 이유는 크게 세 가지다.

첫 번째, 내가 궁금한 건 다른 사람도 궁금하다. 앞에서 간단히 이야기한 '세바시' 강연에서 말한 주제는 '좋아하는 일과 잘하는 일을 찾는 방법'이다. 부자들의 공통점은 본인의 가치를 발견하고 성장시켰다는 것이며, 요즘 취업준비생이나 직장인들의 가장 큰 관심사이기도 하다.

먼저 내가 어떤 것을 좋아하고 잘하는지 직접 경험해본다. 여건이 되지 않으면 간접적으로라도 경험해봐야 한다. 독서를 통해 해당 분야를 알 수도 있고, 세미나와 강연을 통해 이미 자신의 목표를 이루어낸 사람을 만날 수도 있다. 여기서 중요한 건 결코 좋아하는 일과 잘하는 일을 하루, 한 달 만에 찾기는 힘들다는 사실이다.

학창 시절, 우리는 자신이 원하는 것 이상의 공부를 했다. 물론 본인이 좋아서 공부한 이들도 있을 텐지만 대부분은 그저 대학교에 입학하거나, 취업을 잘하기 위한 수단으로 여겼을 뿐이다. 취업 시즌이 되면 직성보다는 수입과 안정성을 고려하여 원서를 넣게 된다. 이렇다 보니 우리는 대부분의 시간을 좋아하고 잘하는 일에 활용하기 힘들다. 원치 않는 일을 하며 많은 시간을 보내왔으니 이제부터라도 좋아하는 일을 위해 시간과 노력을 투자해야 한다. 본인의 가치를 찾기 위해 그만큼의 노력은 필요하다. 필자는 외적으로 자아를 파악하기 위한 질문들을 하는 것으로 부자가 되기 위한 개인의 가치 발견을 도와주고 있다. 이 강연을 통해 관객들의 반응을 얻고 이후에 미팅이 잡히며 본격적으로 세상에 알려지기 시작했다.

두 번째, 특별함이 아닌 기본에 답이 있다. 처음 3년 정도 부자들을 만나며 어떻게 지금의 자리까지 왔는지 물어보면 기본에 충실했다거나 행운이 따라줬다는 식으로 이야기할 때마다 '뭔가 특별한 게 있는데' 영업 비밀이라 알려주지 않는다고 생각했다. 하지만 시간이 지나면서 점차 그 숨은 뜻을 알게 되었다. 이 세상에 부자가 되는 방법은 수도 없이 많이 알려져 있다. 하지만 '뭔가 특별한 게 있지는 않을까?'라는 생각에 방법을 자꾸 찾으면서 시간을 보내고 비용을 투자하게 된다. 부자가 되기 위해서는 자신만의 특별함도 있으면 좋겠지만 부자 지향적 요소에서 그것의 비중은 그리 크지 않다. 많은 시간과 큰 비용을 투자하지 않고 본인에게 적합한 것을 찾아 부자가 될 수 있다.

세 번째, 오라 넘치는 사람이 돼라. 부자들을 만나면 기운이 남다르다. 흔히 '포스가 넘친다'고들 하는데 정말 그렇다. 이러한 사람들에게 관심이 가고 돈이 따르게 되어 있다. 그렇다면 어떻게 긍정적인 기운이 넘치는 사람이 될 수 있을까? 평소 가지고 있는 생각에 답이 있다. 긍정적인 사고를 가진 사람과 부정적인 사고를 가진 사람이 있다면 당신은 누구와 함께하고 싶은가? 당연히 긍정적인 사람일 것이다. 이 또한 답을 알고 있음에도 주어진 상황에 따라 불평, 불만을 가질 때도 있고 며칠이 가지 않아 원래대로 되돌아온다.

행동의 습관을 바꾸는 데에는 60~100일이 걸린다고 한다. 생각의 습관은 평균 6개월이 걸리니 더 어려울 수 있다. 평생을 살아오면서 갖게 된 감정과 생각, 언어 습관을 하루아침에 바꾼다는 것은 말이 되지 않을뿐더러, 된다 하더라도 이상한 사람 취급을 받을 것이다.

내가 만난 부자들은 긍정적이고 늘 감사하는 태도를 유지했다. 부정적인 이야기를 하는 순간 별다른 반응이 없었고 대화를 나누기 싫어하는 사람도 있었다. 작은 일 하나에도 감사를 표현했으며 긍정적인 사고가 넘쳤다. 이를 통해 큰 변화를 주어 큰 결과를 가져오는 것이 아니라 작은 변화와 행동들이 모여서 큰 결과를 가져온다는 걸 깨닫게 되었다. 이것이 바로 운을 부르는 방법이다.

행운을 부르는 주문, "감사합니다"

강연을 듣기 전까지만 해도 취업에 대한 욕심이 정말 많았다.

'내가 원하는 곳에 취업을 할 수 없을까?'

스펙, 자기소개서, 면접, 무엇 하나 어떻게 해야 할지 몰랐다. 그때 눈에 들어온 것이 '라이프 체인지'였다. 어느 날 페이스북을 하던 중 라이프 체인지라는 것을 알고 카페에 가입하게 되었다. 긍정에너지 황 회장님이 작성한 글들을 차례대로 읽어보니 그동안 필자의 생각과 행동

된 부분들이 참 많았다. 세상에 많은 방법론이 나와 있고 시도해보았지만 결과는 항상 처참했기에 공감이 갔다. 긍정에너지 황 회장님의 말씀만 들어보면 정말 라이프 체인지로 누구든지 충분히 부자가 될 수 있다는 생각이 들었다. 필자 역시 부자가 되고 싶은 마음은 회장님과 같았다. 하지만 번지수를 잘못 짚고 큰 실패를 맛보았다.

필자는 부자 되는 방법 중 특히 부동산에 관심이 갔다. 우리나라 부동산은 어떻게든 오르게 되어 있다는 말에 대출을 받아 부동산 투자를 시작했다. 맨 처음 오피스텔에 투자를 했다. 천만 원 정도의 투자로 매달 50~60만 원의 월세를 받을 수 있다는 말을 듣고 덥석 투자하였다가 추가 비용이나 세금 등을 자세히 알지 못해서 손실을 보고 마무리를 지었다. 이후 부동산, 주식, 펀드 등 부자가 되기 위해 안 해본 투자가 없을 정도였지만 발전이 없었다. 물론 전문성을 기르지 않은 부분도 있었으나 어느 것 하나 쉽지가 않았다.

돈을 어떻게 벌고 관리하느냐에 따라 부자가 되고 말고가 결정될 줄 알았는데 황 회장님을 만난 이후 그보다 더 중요한 것이 있다는 것을 알게 되었다. 이후 작은 습관부터 고쳐나가기 시작하였고, 매일 기록하며 행복한 나날을 보내고 있다. 최고의 주문은 바로 "감사합니다"를 외치는 것이다. 부자들이 가장 잘하는 것이자 부자가 되기 위한 큰 요소이기도 하다.

필자는 학창 시절, 친구들 사이에서 '부정의 아이콘'으로 불렸다. 무슨 말만 하면 불평, 불만을 늘어놓았기 때문이다. 그런 내가 변할 수 있었던 계기는 작은 감사였다. 그전까지만 해도 표현하는 것에 인색한 사람들 중 정말 최강이라 할 수 있을 정도로 표현에 인색했다. 하지만 용기를 내 감사의 뜻을 전한 후 상대의 표정이 변하는 것을 보고 한순간에 바뀌기 시작했다. 긍정의 대답에 긍정으로 답해주니 뿌듯하고 행복하다는 느낌이 들었다.

그 뒤로 부정적인 생각이 떠오를 때면 다시 마음을 다잡고자 노력했다. 그렇게 습관을 만들고 노력하면서 '사람은 변하지 않는다'는 고정관념에서 벗어났다. 오랜만에 본 친구들은 "네가 그런 말도 할 줄 알아?"라고 말할 정도였다. 더욱 놀라운 건 이 작은 감사가 내 인생에 커다란 운을 불러오기 시작했다는 것이다. 대인관계도 좋아졌고, 심지어 복권에 당첨되기도 했다. 이외에도 사업을 알릴 기회가 찾아와 더 많은 사람들을 도와줄 수 있게 되어 너무나 기쁜 마음으로 삶을 살아가고 있다.

하루빨리, 더 멀리 인생템을 알리려는 이유

처음에는 코칭을 받는 사람들이 대부분 30대 초중반이었는데 시간이 지날수록 연령대가 낮아지고 있다. 필자의 이야기에 관심을 가지는 나이가 빨라지고 있어 긍정적이긴 하다.

2017년, 13세 이상 3만 9천 명을 대상으로 한 의식조사 집계에 의하면 직업 선택 요인으로 1위 연봉, 2위 안정성, 3위 적성, 4위 발전성, 5위 보람이라고 한다. 사회초년생들도 이렇게 말하였지만 1년이 지나면 놀랍게도 순위가 바뀐다고 한다. 1위 적성 및 특기, 2위 흥미 및 관심사, 3위 안정성, 4위 연봉, 5위 사회적 인정이다. 이는 곧 처음에는 수입과 안정성을 보고 회사에 지원하지만 시간이 지나면 적성과 특기가 중요하다는 것을 느끼게 된다는 것이다.

안타까운 경우는, 마음으로는 깨우쳤는데 행동하지 못하는 것이다. 현재의 상황에서 벗어나려면 위험도 감수해야 하고, 부모님의 기대를 저버리는 것도 걱정이 되고, 그동안의 노력이 수포로 돌아간다고 생각하기 때문이다.

한 번쯤은 생을 마감하는 날을 상상하며 '나는 충분히 만족스러운 인생을 살았는가?'에 대해 꼭 답변해보기 바란다. 자신 있게 '그렇다'라고 말하지 못한다면 지금 당장 시도하라. 시간이 지나면 지날수록 용기는 더 사라지고 짊어져야 할 일들은 더 많아질 것이다. 나이뿐 아니라 체력, 가족 등을 포함해서 말이다.

필자는 영어를 유창하게 구사하기 위해 노력하고 있다. 그 이유는 외국에 있는 더 많은 사람을 도와주려면 소통이 되어야 하기 때문이다. 그리고 TED에서 나의 생각을 전달하고 싶다. 영어뿐만 아니라 5개 국어를 5년 안에 어느 정도 마스터하고자 한다.

'베푸는 데 부족함이 없는 사람.'

이는 진정으로 원하고 하루빨리 이루고 싶은 목표다. 그러기 위해서는 더 큰 마음부자가 되어야 하고 물질적으로도 부자가 되어야 한다. 개인의 성장과 발전을 위해 활동하고 있지만 기업과 나라의 성장과 발전에 이바지할 수 있도록 배움의 끈도 놓지 않을 것이다. 또한 나부터 나태해지지 않고 계획을 이룰 수 있게 한 발, 한 발 나아가고 함께 걸어가는 사람들을 계속 늘려나갈 예정이다.

대학생 시절, 자취를 할 때 살았던 원룸 이름이 '한그늘'이어서 별명이 '황그늘'이었다. 그늘이란 곳은 누군가 쉬어갈 수 있고 재미와 행복을 느낄 수 있기에 그 별명이 싫지 않았다.

'더 큰 황그늘을 만들겠다.'

그때 우연히 떠오른 생각을 기반으로 세상 모든 사람들이 여유를 즐기고 행복을 느낄 수 있는 공간을 만들고 싶다. 황그늘 단체도 만들어 노인 복지 사업, 불우이웃 돕기 사업 등을 우선적으로 실천하고자 한다. 나아가 세계적으로 도움을 주며 웃음을 잃지 않는 삶을 살아가고 싶다.

인생템2

1판 1쇄 펴낸날 2019년 11월 8일

지은이 김대근, 신혁, 김상필, 김윤화, 나수미, 노현숙,
문재훈, 문종철, 차동희, 송지연, 황훈식
펴낸이 나성원
펴낸곳 나비의활주로

편집 권영선
디자인 BIG WAVE

주소 서울시 강북구 삼양로 85길, 36
전화 070-7643-7272
팩스 02-6499-0595
전자우편 butterflyrun@naver.com
출판등록 제2010-000138호
상표등록 제40-1362154호
ISBN 979-11-88230-91-4 03320